THE BEAUTY WORLD TRIP

世界の国で美しくなる!

とまこ

GENTOSHA

幻冬舎

世界の国で美しくなる！

とまこ

世界の国で美しくなる！　目次

はじめに♥

ある日、バンコクでのこと。めっぽう当たると大評判の占い師・チャトリーさんはこう言った。

「あなたはパッションが強すぎます。強く強く自由で、ロマンチックすぎるんです。特大の器を持ったパートナーでないかぎり、ついてこられなくなりますよ。ずっと恋愛ドラマは続くけど、結婚は向きません。向きませんよ！」

ちょっ……そこのチャトリー！　それ、繰り返さなくていいから。笑えないって言いたいけど、納得しすぎて笑っちゃうから。「あらまぁよくご存じ」って、親戚のおばちゃんみたいな客観的リアクションが自然と出ちゃいそう。あいたたた……。

ちなみにチャトリーさんは、本名と生年月日と手相のみで、離婚した年月までほぼ言い当てた。そのズレ、わずかに1ヵ月。もちろん、結婚してたことだって、言ってないよ。

離婚して数年がたつ。再婚のチャンスがなかったわけではない。

ただ！　毎回、結婚する雰囲気が漂ったり、会話に出だすと、なぜだか他の人にときめいてしまうのはどういうことか。そして毎回、「好きになっちゃったんだから仕方ないよ。先のこと？　う〜ん、今考えてもわからないや」と、新しい扉をガンと開けて突き進む。少しは理性的になってくれよ、頼むよ、自分。

というのは振り返ればつっ込める。けど、その時々では、理性の存在なんて忘れてるから、後の祭りだ。理性と感情が戦う土俵が、わたしの中にそもそもないんだ。

感情に嘘がつけないと言えば、よく聞こえるかもしれないけれど、わたしの場合はただのアホなんだと思う……ああ！　そろそろ人間やり直せ。


手の人差し指より薬指が2ミリ以上長い人はオトコ脳で、ドラマチックな恋を望むと聞いた。これには科学的な根拠がちゃんとあるというから興味深い。胎児のときに、男性ホルモン「テストステロン」を多く浴びると、薬指が伸びるという研究があって、そこから導かれている説だそうな。

わたしの場合、薬指が抜きん出ること、つ、爪一個分。テストステロン、主張しすぎ！

……そうか、さらなるドラマを求めるのは、科学もうなずく運命なのね。うん、これはもう仕方ないや、あきらめよう（投げやり）。

てことは、〃一生現役〃じゃないとダメってこと？　ダメっていうか、そうじゃないとしんどいな。わたしは相当なさみしがり屋だし。結婚はおろか、恋愛もできなくなったら、生き地獄だね！

あぁ〜、キレイになりたい、切実すぎる思い。

もちろん、中身はなおさら磨きます。積み重ねて、噛み砕いて、飲み込んで、吸収して。生きれば生きるほど増す味わいを、新鮮にまとえたらステキだよね。

で、どうしたって物理的に衰えていく肉体。だったらもう、がんばるしかないじゃない。真剣に磨いて持ち上げて、揉まれてたたかれて、なにやらを塗りたくって、抵抗するしかないじゃない。

そう、恥ずかしがることはない。「キレイになりたい！」なんて、人類に脈々と受け継がれてきた願望なんだから。

エジプトのクレオパトラだって、中国の楊貴妃だって、我らが日本の小野小町だって、「キレイ」への執念を素直に燃やして、あがいて磨いたから美女なんでしょ。努力の賜物《たまもの》なんでしょ。

いやいや、もっとリアリティのあるところで、現代のマドンナさま。マドンナ58歳の驚異の美貌ときたらどうよ。人間、願って努力すれば、いつまでだって、キレイを進化させられるという証《あかし》だよね。

古今東西、キレイを願い、努力するのは、ある種のスタンダードなんだ。わたしも交ぜて！

ではどうする？　エステ？　うーん。日本でエステとか、高くてやってられないわー。たいそうな成分が込められた高級化粧品とか、買ってられないやー。ま、庶民はコタツに入ってみかんでも食べて、ビタミンCの補給にいそしむかな。

って、それはあきらめすぎでしょう、探せばなにか手はあるよ、貪欲にいこうよ、単純にキレイになりたいもの。

そうだ、わたしは旅が大好きだし。妙なこと、新しいこと、謎めいたことも大好物だし。お安くって、すっとんきょうなこと多めの海外で、エステやらマッサージやら、やりちらかしてみるのがいいんじゃない？　秘薬入りの化粧品とか、探し求めればいいんじゃない？　楽しくお得に、キレイになれる旅をしたらどうかしら。


そんなわけで旅に出ました。

好奇心から選んで、体当たりし続けたのは自分。

でも、いくらなんでも、「美容」がテーマで、これほどまでにびっくり体験が待ち構えているなんて。それはもう、想定外の連続でしたよ！

痛すぎるけど超効く美容術だとか、激安なのにうっとり極楽ユートピア〜な気分が味わえるエステだとか、あれれどんなセクシー業界だよ的な、驚異の本気マッサージとか、摩訶不思議すぎる原料なのに、効果てきめんの美容パックだとか……。

さぁみなさん、読んで笑って、行って磨かれ。結婚しよーがしまいが、楽しくお得にキレイになりましょ〜！

chapter 1

Beauty World Trip ❶

タイ

「腸内洗浄」は羞恥の刑！
美肌＆快腸への道が、
さながらＳＭだったとは……

バンコクで遠い日の思い出に浸る

バンコクに長めの滞在をしていたときに、気づいたことがある。

それは、バンコクって美容施設ばっかりだってこと。

ちょっと歩けば、タイ式マッサージやら、アロマテラピーやら、フェイシャルエステやら、ネイルにまつげエクステに、なにかと美容関連の施設が目に飛び込んでくる。

ここ最近のビューティ路線の成長率がすごいのか、自分自身のビューティ意識が高まって、目につきやすくなったのか……まぁ両方か。

ならばせっかくだし、わたしも美容にいいことしようっと。なにしようかな。

その瞬間思い出したのが「腸内洗浄」！

あぁなんて魅惑的な響き。学生の頃からずーっと恋いこがれていたんだ。

当時は便秘に悩まされていたから、そのフレーズを聞いたとたんにドキン！　いかにもスッキリしそうで、ときめき止まらず。カスやらガスやら、ぜーんぶさよなら？　お肌やお通じ、さらには人格にだっていい影響ありそうだ。だいぶリアルに思い描いて、あぁうっとり。

しかし調べてみたら、施術料は、1回3万円以上。チ～ン……当時の自分には到底払える金額ではなく、あきらめた過去があったのです。なんだかふられた気分の、無駄に切ない大学2年の、あの暑い夏の日（遠い目）。

そうだ、今こそ「腸内洗浄」への想いを成就させようじゃないの。

さて、初めての腸内洗浄、どこに行ったらいいのやら。検索してみると、トップに表示されたのは「Sメディカルクリニック」。響きにグッときて、その時点でほぼここに確定。だって信頼できそうだもの。

サイトを見ると掲載されている施設の写真は高級スパそのもので、デトックスマッサージやセクシーフェイシャルエステなど、気になるメニューがいっぱいある。

で、お目当ての腸内洗浄は、なんと1回3000バーツ（約9750円）！　日本の料金の約3分の1だなんて、さっすがタイランド。テンションが上がり、すぐさま電話をかけた。

「施術後はしばらくものを食べない方がいいので、ごはんはしっかり食べてきてください ね、特別な持ち物はいりませんよ」

その日の午後に予約を入れられた、やったー！

……あれ、なんか不安になってきたかも。なにこれ、片思いが実ると手を引きたくなる、かわいらしい乙女きどりか？

ていうかそもそも、腸内洗浄ってなんなのよ。そういえば、腸をどうにかして洗ってキレイにする、という、字面通りのことしかわかってないよ。

イケメン・ジャパニーズがお出迎え

BTS（バンコクの高架鉄道）アソーク駅から歩いて8分、わかりやすい道で順調に到着。

エントランスへと続く、ドーンとした構えの階段を上がる。扉をくぐるとそこは、広くてキラキラした照明のロビー。内装は品があって、マダムすぎずガーリーすぎず、いい塩梅《あんばい》の大人具合。赤い絨毯《じゅうたん》の上を、レセプションのカウンターへと一歩一歩踏み出すごとに、自然と背筋が伸びる。

いやー、入店しただけなのに、急に女度指数が上昇した気がしてるんですけど。ラッキー。

タイ

レセプションで黒髪をピシッとひっつめたタイ人女性に迎えられ、受付をすませていると、どんどん不安は薄まってくる。うん、このスパならきっと大丈夫。

すると、奥から笑顔のまぶしいスレンダーで長身の男性が登場。

「こんにちは、ご案内しますね、こちらへどうぞ」

おっと、まさかのイケメン・ジャパニーズ！　ストライプのワイシャツがよくお似合いですね、そういえばバンコクで過ごし始めてから、こんなピシッとした男性と接するの初めてだわ。

「バンコクに住んでるんですよね？　うらやましい」

「そうですね、いろいろあるけど、概《おおむ》ねいいです」

どうでもいい会話をしながら、エレガントな絨毯の敷かれた廊下をしばし歩く。イケメンだし、背高のっぽだし、久しぶりの日本語だし、清潔感抜群だし。話してるだけでお得感すらあるわ〜、いい気分。すっかり緊張感も消え去った。

「こちらへどうぞ」

小さな部屋には骨の模型と白いテーブルセットが。急にメディカル感が出てきたぞ。

「こちらにご記入をお願いいたします」

日本語の問診票を2枚ほど記入。アレルギーはないか、体調はどうよ、大きい病気したことある？　とか、内容は当たり障りない。でも、記入を進めていたら、どんどん信頼感が高まってきた。お客と真摯《しんし》に向き合う姿勢が好きだなぁ。

続いて、彼から腸内洗浄についての説明があったけど。なんかもう頭に入ってこない。だってすでに信用しているんだもの。もういいから、あなたのおっしゃることは全部正しいって決めたから、早く本番行っちゃおうよ。

「では、次はドクターのところへ行きましょうか」

まだあった。でも、先生の問診があれば安心できる人が増えるよね。わたしみたいに簡単に納得するタイプばかりではないはずだから、いいことだよね。ドクターの部屋へと移動した。

「サワディカ～」

イスに座ると、ドクターは問診票を見ながら何かを質問。イケメン氏が間に入って訳してくれたけど、まぁ、基本は問診票の確認みたいなものだ。そしてさらに、

「看護師が管をお尻に入れますね。大丈夫ですよ、力を抜いてリラックスしてくださいね。そこから塩水を25リットル入れますから」

ほ、ほぉ。まぁあれか、浣腸の特大版みたいなものだよね。そして続きは……？

まぁあれか！　これだけゴージャスな施設だし、バンコクの物価にしてはなかなか高級なお値段だし。そうだ、管で体と機械がつながれたら、あとは勝手に装置が洗浄してくれるに決まってる。他力本願、お気軽モードは絶好調。

「なにか質問はありますか？」

「ないです」

そして、またイケメン氏に案内されて長い廊下を進み、更衣室へ行く。

「全部脱いでくださいね」

「はい♡」

そこはしっかり聞き取って、着替え用の薄いピンクのコットン製ガウンを受け取ると、イケメン氏はさようなら。あら。

言われた通り、素っ裸の上にガウンを羽織って更衣室を出ると、今度はタイ人女性の看護師さんが待っていてくれた。

うーん、本当に不思議なんだけど、急に不安になるからおもしろい。

大丈夫かな、そういえば、わたしはなにをすればいいんだろう？　日本語で会話できる彼がいるうちに、ちゃんと聞いておけばよかった……。

そして、案内されたのは6畳くらいの個室。部屋の真ん中には、ナゾの形のベッドがデンと置かれていた。その両サイドには棚があり、一方には雑誌が積まれている。奥にはシャワー室とトイレ。壁にはテレビ。

で、ナゾのベッドとは。上半身の部分が30度くらいの角度になるようにリクライニングされていて……下半身部があやしい。左右の腿がM字開脚で保てるように支えがあり、股部分には溝。で、溝の向こうには透明な板がはめられているんだ。あやしい。

その両脇には足をかける溝があって、ベッドの左脇には自動車のギアのようなレバーが。ちなみに書かれているのは「0、1、2、3、4」。

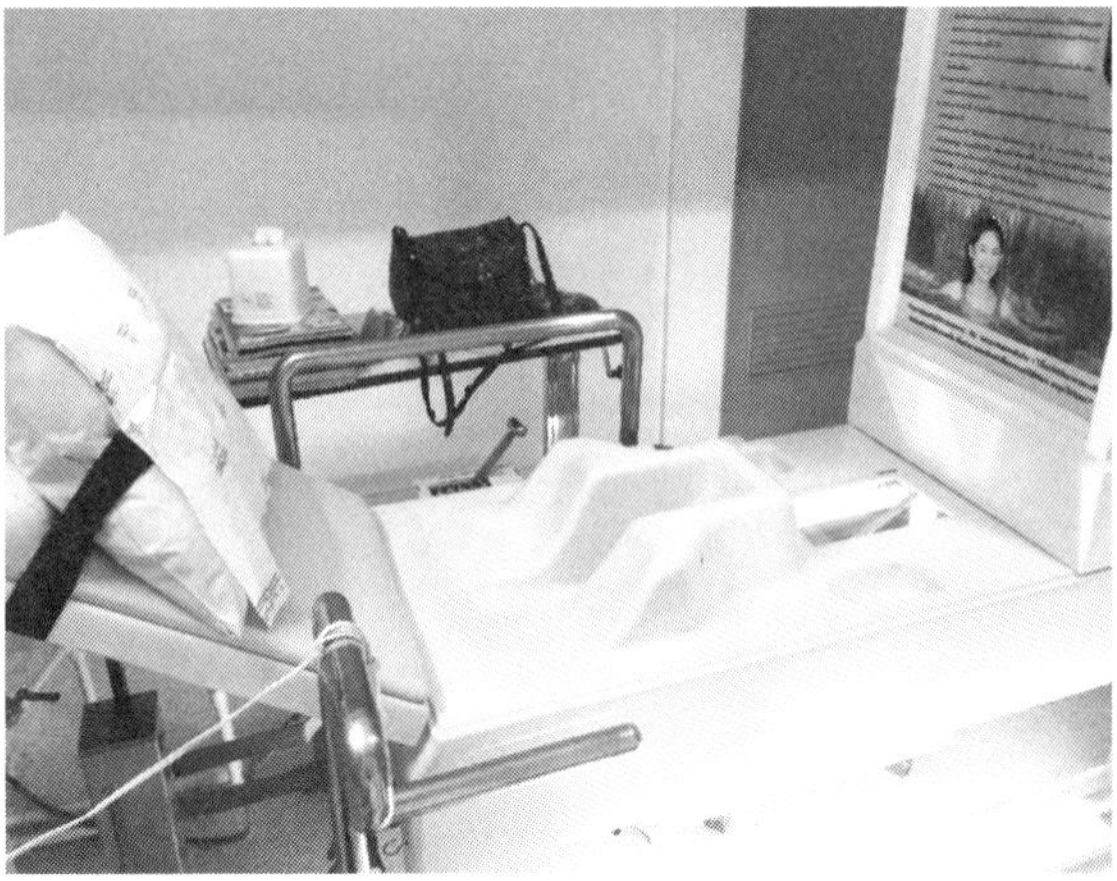

腸内洗浄は、このおまるつきの診療ベッドで行う。奥には水圧を調整するレバーがある。

ベッドの足元には鏡が上部についたタンクがあって、中には水が入っている。ははぁ、これが体に注入する塩水だろうな。ふーん、25リットルかぁ……って、欲張りすぎじゃない？　これ全部体に入れるの？

M字開脚状態で、いざ腸内洗浄スタート！

「ベッドに上がってくださいね」

なんにも解決しないまま、やってきてしまった、このときが。

「はい」

深呼吸してベッドに乗り、おそるおそるM字開脚の罠にはまってみる。すると、なるほど。少しだけ仕組みの察しがついた。

きっと腸から出てくる宿便たちが、透明板の下を通って流れて行くんだな。それがタンクの上の鏡に映し出され、わたしはまじまじとそれらを見つめ、別れを告げるんだな。今までこのやろう、ありがとう、さようならと！

ひとつ納得して、緊張がゆるむと、自分の有様に視点が移る。

あらまぁ、なんだかお産のシーンみたい、想像だけど。ちょっぴり照れくさいんだよね、へへへ。

すると看護師さんは、ぴっちりとゴム手袋をはめて、わたしと目を合わせてニコッと笑い、いきなりガウンをペロッとめくった。ひぃ〜エッチ！　なんにもはいてないんだってば。

ムダに反応した自分に、なんで照れてるの？　とツッコミを入れていると、彼女は素早くわたしのお尻の穴に、管をひゅぅ〜！　あらま吸い込まれた、新感覚。ちなみに痛みなし。

「レバーを上げて水を入れてくださいね、初めは2くらいで様子を見てください」

「あ、はい、自分で？」

「はい、そうです、苦しくなったら止めてもいいですよ。なにかあったらこれを鳴らしてください」

彼女はベッドの脇のテーブルに置いてある呼び鈴を指差し、やさしい微笑《ほほえ》みを残して部屋を去って行った。

ぽつん。お産スタイルでひとり、シーン……。

chapter 1

さぁ！　このままでは何も始まらない、長年の憧れ、腸内洗浄がスタートするんだ、張り切ってやってみようよ！

テンションを上げて、レバーをぐっと「2」まで持ち上げた。

おぉぉぉ。水が、生ぬるい水が、管を通ってわたしの腸に！

え、腸に⁉　脳みそが状況を理解したら、目がまん丸。

ちょ、ちょっと！　ソコ出すとこだってば、入るところじゃないってば、一方通行だってば！　交通違反で逮捕されるよ‼

なんとか荒ぶるココロを静め、信じる気持ちを取り戻そうとがんばる。これが、腸内洗浄なんだから、大丈夫だから、続けるんだよ自分。でも。

ぐ、ぐるじい、破裂する！

塩水で、どんどんおなかが膨れあがって食べすぎのカエルみたい。おなかまん丸、ぱっつんぱっつん、助けてー！

あっという間に降参、レバーを下げて水を止める。ちょっと落ち着いたら、再び挑戦。レバーを上げ……すぐ下げた。これ以上、一滴だっておなかに入る隙なんてないよー、ていうか苦しい、苦しい。もうダメ！　思わず、呼び鈴を鳴らした。

「どうしました？」

「どうしたらいいかわからないんです」

駆けつけてくれた看護師さんに助けを乞う。

ところがまぁ。こちら、もとからダメダメ英語。さらに、苦しくって、もがもが中
ゆえ、まったくもって、意思疎通不可能！　もう通じっこないし、通じさせる努力も
できそうにない。
「オーケー、オーケー」
わたしはやむなくあきらめた。看護師さんは、去って行った。

おなかパンパンのわたしの前に現れた救いの神

さて、何も変わらない。レバーを上げては瞬時に下げ、また呼び鈴を鳴らし……×
3。その3回目に、
「どうしました？」
おぉっと日本語。あの、イケメン・ジャパニーズの声じゃないの！
ドアを開けても、カーテンでさらに仕切られているから、この姿を見られている訳
ではない。でも、でも、見えそうで見えない感じもまた恥ずかしい。
きっと歪《ゆが》みまくった苦行顔、お産みたいな体勢、見事なまでのカエルっ腹《ぱら》。うわー
恥ずかしい恥ずかしい、これがM女の快感なら、わたしは絶対Mじゃない。
とはいえ今、非常に、苦しいのでありますよ！　もう、彼にすがるしかないよお。
「苦しいんです、苦しいんです」

「大丈夫ですか？　適度に塩水がたまったら、ガマンしないで出してくださいね」

「は、はい⁉」

……出す、だとお⁉

はぁ、イケメンさんよ！　あなたがうら若いイケメンだから、ナニを出すかなんて、口にして確認することなんてできないんだよ！　ってアイドルかっ！

「塩水と一緒に、全部出してください」

そのとき、急ーに、理解した。

自分で、便を、出すのか！

部屋の真ん中に置かれたベッドの上に、寝っころがったまま、排泄するのか！

斬新だな‼

ん？　出すって、どこから？　だって、管から水が入ってきているんだもの、出す道ないよ。

「このまま、ですか？　でも管はひとつ……」

「そのまま出して平気ですよ、逆流しない仕組みになってますから、安心してください」

「はい、わかりました！」

すごいよ、イケメンパワー。たぶん、来てくれたのが他の人なら意味がわからなかったと思う。

信じる信じないの前に、塩水が入り込んでくる、その同じ管から、うんちを出せ、なんて、そんな文脈、聞き間違いとしか思えないに決まってるもの。

あぁ、あなたがうら若いイケメンだから、発する文字面そのまんま受け入れられたのよ！　だから早く去ってくれイケメン。頼むから、せめて少しでも、通常の女でいさせてくれ。イケメンの前（カーテン越し）で排泄できるほど、アブノーマルじゃないんだよ！

「大丈夫ですか？　また必要があったら呼んでくださいね」

パタン。

ドバーーーーーーーッ。苦しまぎれに出しちゃった！

ふーーーーーーーーっ。息、できた（感涙）。

やってやった。

そう、わたしはベッドの上で、便を……排泄してやった！　なんかこう、なんかこう！　恥ずかしくも、新たな扉を開けてしまったこの快感……ふ、複雑！

「うわっ」

足元の水路を緑の塊が流れて行くのが、上部に設置された鏡に映って見える。

あぁぁ、あんなものが、腸のひだひだにこびりついていたなんて。腹立たしい、腹立たしいけど喜びいっぱい、これで真の清い体に生まれ変わるのね～（感涙）。

一気にやる気倍増。よーし、全部出してやろうじゃないの、宿便さんよ、さようなら！

それにしても、まさか自分自身で、排泄するとは。もしかしたら、「腸内洗浄」という響きだけを頼りに、この機械のもとで、このスタンバイをしたのなら、想像がついたかもしれない。

ただ、今まで生きてきた積み重ねが、「ベッドの上で排泄する」という発想を許してはくれなかった。

これはまさに、「羞恥の刑」！

恥じらいと喜びのせめぎ合い、大きな羞恥心に勝った結果、新たな喜びを得てしまった、これは自分の中の知らない何かを引き出す、秘密プログラムだったんだ。わたしは、新たな快感をゲットした！

天国と地獄を行ったり来たり

さぁ、ここからが本番、一度壁を越えた者は強い。一気に気持ちが大きくなった。塩水じゃばじゃば入れまくって、じゃんじゃかうんちを出しまくろう。なにこれ、バブル期イケイケ世代の感覚じゃない？　お金をつぎ込みつぎ込み、リターンを大きくする都市伝説的な生産性！　わたしはとうとう知ってしまうのね、夢にまで見た快腸バブル。

そんなわけで、レバーを「3」に合わせ水量を増やし、塩水をせっせと腸に流し込む。入れた水は、ため込んでため込んで、はち切れる！　と思ったら出す。

イケメンは「適度にたまったら出す」と言っていたけど、より水を多くためた方が、出すときに勢いづいて、たくさんの便が出そうだから、ムリするよー！

正直苦しい。単純にたくさん水を腸に入れるのが苦しいし、出したいのをがまんしてがまんして、入れ続けるのは、なかなかの苦行だ。体力の消耗が激しいんだ。

自分の顔が歪みまくってるのも手に取るようにわかってる。いや、顔じゃなくて形相だな。こんな形相、続けていてはいけないと思ってもムリムリムリ、やばくブサイク。その顔で排泄するって、すごい地獄絵図だよ！

でも……出すたびに訪れる、天使のようなにっこり顔よ。見えてる訳じゃないけど、そうに決まってる。きっと、生まれたての赤ちゃんのごとく、しあわせ純白な笑顔の瞬間が一秒くらいずつ訪れてくれているんだ。この瞬間のために、苦行をしているんだ……ハイ、すぐまた歪むよ、エンドレス。

あぁ、少しでも苦しさを紛らわせる方法は……バチッと目が合った。タワーに描かれている黒髪の女と。スクール水着に身を包み滝に打たれている女。その謎の状況で微笑む女。あぁ、なにやってんの？　ついでに言えば、絵のタッチは昭和レトロ。なんでこの図をここにつけた？

……クスッ。そう、わたしは、思考の迷宮にはまりクスッと笑った。ああ彼女は、ここでM字開脚排泄する勇者を癒す天使だったのか！

無心で、塩水を入れて～30秒がまんして～ためて～全部出す、を繰り返していると、だんだんと鏡に映る緑色の排泄物の様子が変わってくる。量は減るし、塊ではなく、もやもやっとした浮遊物みたいな姿に……「あおさ」みたいだよ。あおさ、ごめん！

そうして奮闘すること45分。塩水タンクは残り5リットルに。そこまでになったら、看護師さんに知らせるよう言われていたので、今度は、晴れ晴れした顔で呼び鈴を鳴らす。

「どうですか～？　あ、順調みたいですね」

看護師さんは、安心した様子でわたしのおなかをさすり、最後の奮闘を見届けてくれた……そう、わたしはもう、そこに人がいたって、なーんにも恥ずかしくないんだよ。これびっくり。

とうとう、塩水タンクが空になる。

「はい、管を外しますね」

ゴム手袋をして、するっと抜いてくれた。

「水がおなかに残っているので、トイレで出しきってくださいね。シャワーもどうぞ。外で待ってます」

おならが美しくなった

部屋についているトイレに入り、便座に座る。

「……疲れた」

すっごい脱力感。わざわざ、ひとりごちらずには自分を保ちきれないこの感じ。しかも声が妙に低い。こんな男みたいな声を出せるなんて新発見だよ、性転換でもしたかのよう。

すると急に便意が。といっても、出てくるのは水だけなんだけどね。つまりは、じゃばじゃばと、お尻から塩水を出す女……シュール。

手を洗うべく洗面台の前に立つ。

「落ち武者がいる！」

目を疑ってしまった。鏡の中にいるのは、長い髪を振り乱し戦って、無念にも敗北した武士の失望まんぱんな瞳……。

「わたしは勝ったんだよ、うんちに！」

自分を励まそうと思ったら、普通に笑えたので、まぁよかった。

シャワーを浴びてガウンを羽織り、部屋の外へ出ると、看護師さんがちゃんと待っていてくれた。ニコッ。

「こちらへどうぞ」

ふかふかのソファがたくさん並んだ、ロビースペースのような部屋へ通される。シャンデリアやテーブルセットや、飾られたお花も、全部がゴージャス。今度は一気に21世紀セレブ気分だよ。さっきは戦国時代の落ち武者だったのにね。

「今、ジュースを持ってきますね」

そう言って、すぐに運んできてくれたのは、毒素を出し切るサプリと、なくなった乳酸菌を補給するサプリ、それと野菜ジュース。

このジュースがね……ひとくちひとくちが、食道を通って、胃に入って……体に染み渡っていくのがリアルに感じられるんだ。いろんな感度を邪魔していた毒素が、体から抜け落ちたからかな。とってもすがすがしい気持ちに。

その後、着替えて支払いもすませると、あの、イケメンが！

「いかがでしたか？」

「最高に体が軽いです！」

そう、あなたがいなかったら、わたしのおなかは破裂して朽ちていたでしょう。死因は「うんち」と書かれていたでしょう、無念！　ありがとう、本当にありがとう、うら若いイケメンさんよ。

にこにこでSメディカルを後にした。

帰り道、道路の上に架かったBTSの駅から眺めた夕日の、格別さよ。達成感が、絶大な幸福感に昇華してる。体は軽いし、相当ハッピーだし、腸内洗浄の威力はすごいな、こんな体験が手軽にできるバンコクは偉大だな、むしろ国王万歳だなと、どんどん思考がエスカレートして行くのだった。

その日は……本当は水分だけ摂るのがベストと言われていたけど、急遽、お世話になっている方からメールをいただいたので。

「とまちゃん、今バンコクでしょ？　実は今いるんだ、呑みに行こーよ！」

迷うことなく行ってしまった。

やっぱり、言われた通りにした方が、のちのちの効果は上がったのかもしれない。けどまぁ、そんなに固く考えると、できるタイミングがなくなりかねないから、これでいいんじゃないかな。それでも成果は大きかったし。

その後しばらくの間、体が妙にすっきりしているのを感じていた。確実におなかも軽かった。3日後にドキッとしたのは、お肌のぷるるん度。時間差で訪れたんだ。ほっぺを触って感動したな〜。体内の毒素が抜けた証なんじゃないかな。

なによりうれしかったのは、トイレ事情。その後3ヵ月くらい、食べたら食べた分だけ出しているように感じられた。しかも、ツルンと出るんだから、健康的でしょ(笑)。

さらには、おならが美しくなった、ノーモアスメル！　ス〜ッと空気が体を通過して行く感じ。おならの定義が変わってしまうではないか。清潔度すら上がった気がして、もう、いいことしか感じられないよー。

かの「ヤンヒー病院」で二度目の腸内洗浄

それから1年後。再びバンコクを訪れた。

目的はそう、腸内洗浄。いや「目的」ではない、次元が違う。わたしにとっては、むしろ「義務」。だって、すっきり軽い体に、ぷるるん美肌、無臭のおならになれるんだよ！　女なら行かねばならぬ。

いつもお世話になっているゲストハウス「EZ STAY Bangkok」のリビングで、情報ノートをパラパラめくっていると、「腸内洗浄」の文字が。おっと、挑戦した人がいるのね。そこには、「ヤンヒー病院」で受けてすっきりしたよ、と書かれていた。

まさかのヤンヒー病院！

ヤンヒーこそは、性別適合手術をするならココ！　的な、世界から注目を浴びる病院で、美容整形にも定評がある。なるほど、美しくなるための病院で、腸内洗浄もできるというのは納得。ぜひ行ってみよう。

なんとなく大きな病院だから予約しなくても平気かなあと思ったので、直接向かうことにした。

まずはBTSで「ビクトリーモニュメント」駅まで行き、ロータリー近くのバス停へ。そこから18番バスに乗り込んだけど、そういえばどこで降りるんだ？

「ヤンヒー？」

ドライバーさんはニヤリ。音が聞こえそうなほどのニヤリ。そして「オーケー、任せろ」の表情を返してくれた。よかったぁ。

でもさっきのニヤリはなんだったんだ？　性転換してる人に見えたのかな。おもしろい！　そうか、ヤンヒーに向かうわたしは、「日本人の女」ではなく「ドコゾの国の性別不詳のヒト」なのではないか？　自分がまとっているかもしれない、謎のベールにわくっとするじゃないの。

まぁ、ヤンヒーは、めっちゃ効果のあるらしい美容サプリや化粧品も販売しているから、たんに、日本人は好きだなー、というニヤリだったのかもしれないけどね。


さて、10分後にヤンヒー近くのバス停に到着。降りると、右手に10階建ての大きなビルが見えたのですぐにわかった。

入ったところのロビーはとっても広い。病院のスタッフさんに声をかけたら、

「まずは『International Services』カウンターへどうぞ、左ね」

とのこと。場所はわかりやすい。

「腸内洗浄（colon hydrotherapy）を受けたいです」

「はい、7階のデトックスセンターでやってますよ」

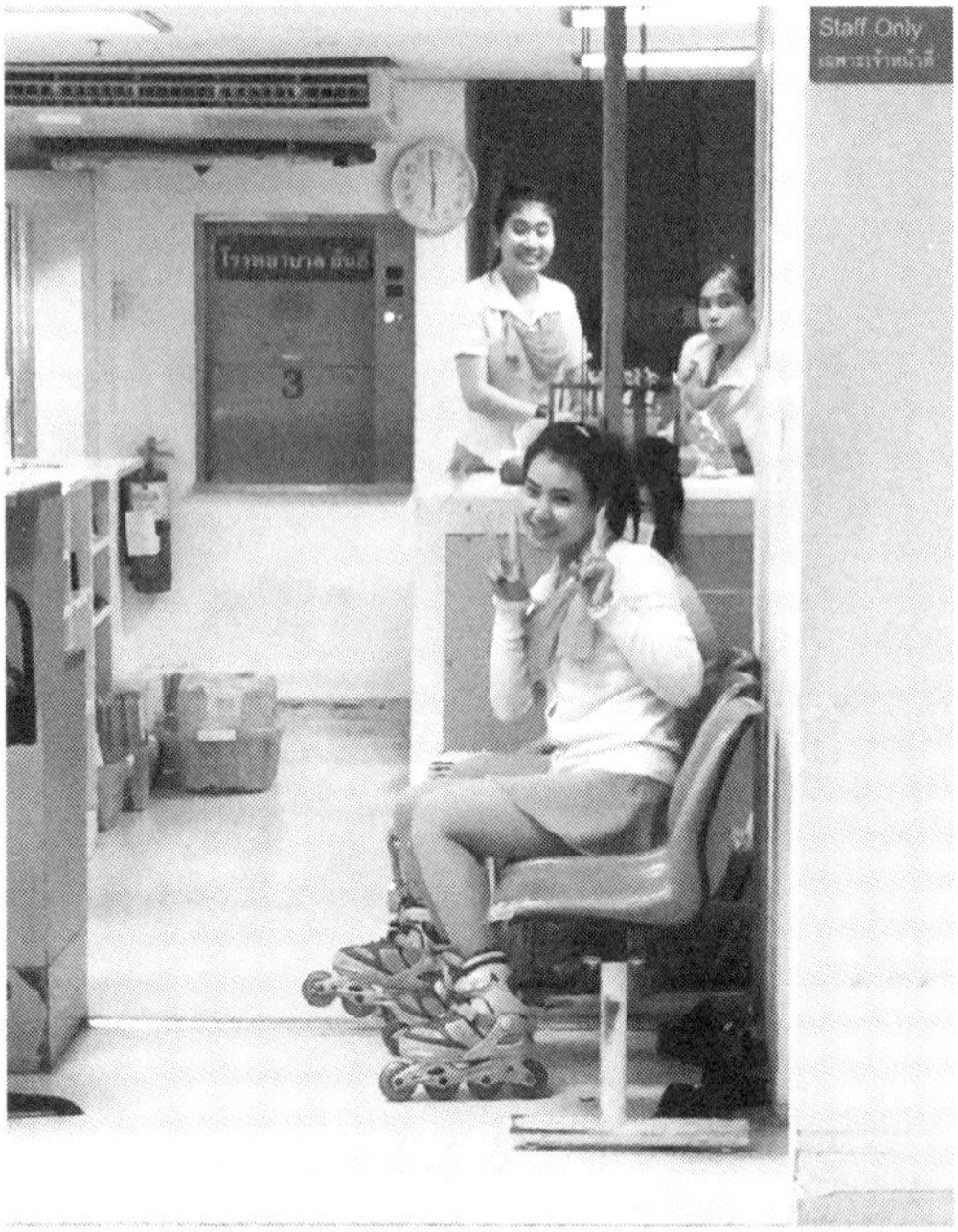

ヤンヒー病院の中をローラーブレードで疾走するミニスカ天使たち。胸元にある水色のリボンが漫画チック。

ここはれっきとした病院だから、パスポートの提示も求められた。名前や住所などを書き込み、簡単に手続きは完了。カルテを受け取って、7階に行こうとロビーを歩き出すと……。

ヒュンッ！

え？　ヒュンッてヒュンッて。目の前を、派手なオナゴが駆け抜けて行ったよ、滑るように！　目で後ろ姿を追いかけ、しっかりキャッチ。あぁ。

なんということでしょうか、世界的な病院のロビーを、真っ黄色のぴちぴちシャツと、ビビッドな水色のミニスカ女子が……カルテを胸元にしっかと抱えたミニスカナースが、ローラーブレードで走り回っているではないの。

清楚な白衣の天使とは、ほど遠い（笑）。

いやいや、さっすがヤンヒー、性を扱う権威、らしすぎる！　ある意味ハレンチな制服をナースがまとって許されるのは、ヤンヒーの特権としか言いようがないのでは？　それにキレイな御御足《おみあし》を拝見すれば、患者さんたちも、ああなりたいわぁって、テンション上がるに違いない。わたし自身がそうだもの。老廃物を出して出して出しまくれば、3ミリくらい足が細くなるかも？　ってときめいたもの。まぁならんけど。

塩水ではなく、コーヒーで洗浄

7階へ行くべく、エレベーターの前に立つ。

扉には超美人な女性が描かれているけど、この方、生まれは男性かもしれない？　ここはヤンヒーだからね。もしそうなら、女度完敗だよ。

ほんっと、もともと女で生まれたからって、余裕かましてちゃいけないな。彼女たちは女になろうと積極的に動いて、どんどんキレイになって、拍車もかかるんだろうな、意識が高くて、実際に行動している人が勝つのは当然だな……妙に反省と感動の多い数分間。

7階に着くと、まっすぐ受付カウンターへ。また原色ナースに会えるかな。と思いきや、そこは、おしとやかな表情で白衣をまとったナースたちが待っていた。

でも、白衣のフォルムがなんか違う。ちょうちん袖だし、袖口や複雑に深く切り込んだ胸元やらから、オレンジの布がチラリズム的にのぞいていた記憶が。スカートはやっぱりミニ、しかもタイトなの！

ところが、受付以外のナースは、ごく一般的なナースユニフォームを着ていたよ。特筆すべきことのない、正しい白衣。

おもしろくて、おそろしいことに気づいたけど……どうも白衣は序列方式っぽくない？　美人序列。いや、役割別なのかもしれないけど、目の錯覚かもしれないけど、どうも、原色ローラーブレードが美人、ミニタイト白衣の人が準美人、普通の白衣の人は、普通の人っぽい気がしたけどなぁ……はてさて。

まぁ、つべこべ言わずにカルテをさっさと出すべきだ。受付のナースに渡し、しばし待つ。

待合ソファにはタイ人女性が2人。40代くらいに見える。和気あいあいと、お気軽な様子。

「サワディーカァ。お友だち？」

「サワディーカァ。妹よ」

「へぇ。仲良しですね。腸内洗浄はよく来るの？」

「そうねぇ、いつもじゃないけど、気が向くと来るわよ、半年に1回は来るかな、2人で」

そうか、歯医者さんの定期検診みたいな感覚なのかな、きっと。まぁ、わたしにとっても義務だしね。

順番はすぐに来た。個室に通されると女医さんがいて、英語での問診が始まった。内容はSメディカルで記入した日本語の問診票と、大差はないと思う。大病してない？　妊娠してない？　お酒は飲む？　そんな程度だからご安心を。

「今回はコーヒーにしますか？」

「あ、はい。塩水とは違うのですか？」

「より解毒作用が強いので、より洗浄効果が高まりますよ」

「やった、そうします！」

「初めての方は塩水なんですよ」

プロ認定された気分で妙にうれしい。

「あと1ヵ月バンコクにいますけど、またやりに来て大丈夫ですかね？」

「お勧めしませんねぇ。初めてのときは、3週間から1ヵ月後にもう一度やるのがいいですけど、そのあとは半年に1回くらいが適正です。あんまりやると、腸がなまけちゃうんですよ」

なるほど～、いいこと聞いた。

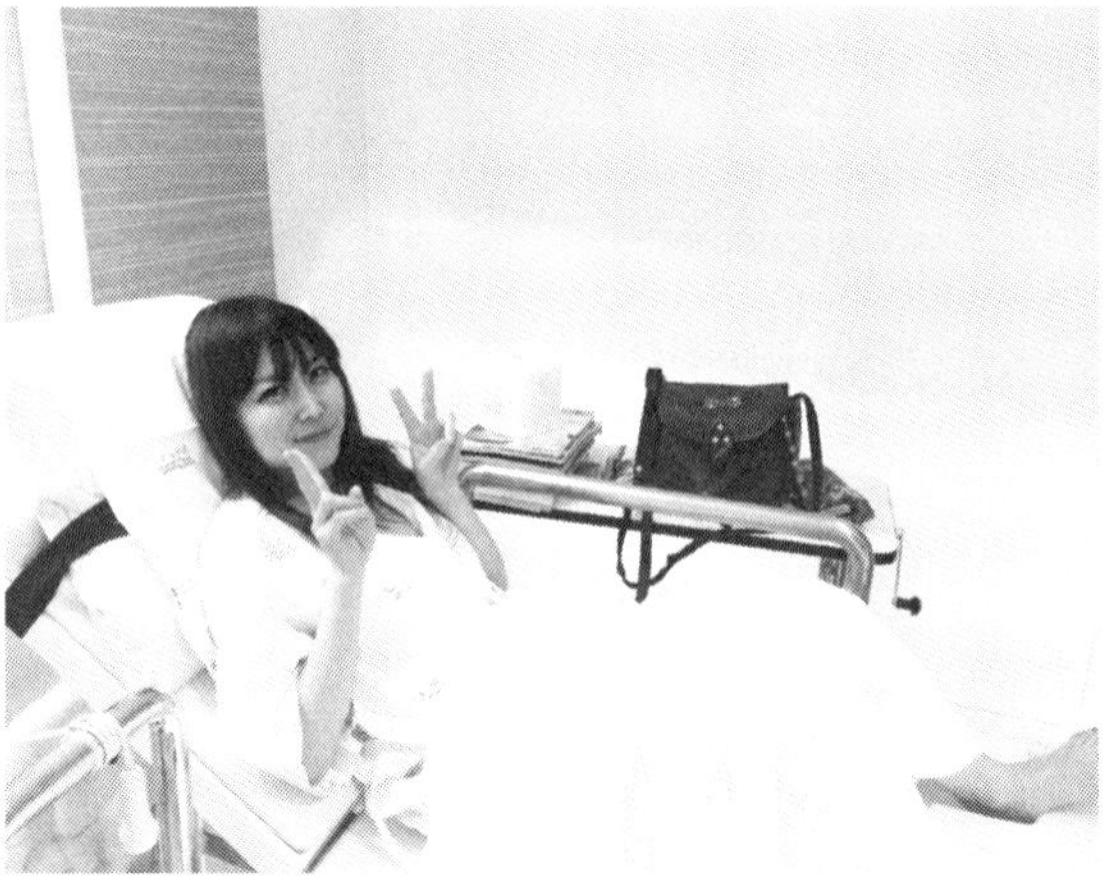

ヤンヒー病院で腸内洗浄の施術前にパシャリ。一見、普通の病室に見えますが、こちらもM字開脚仕様のおまるつきベッドです。

部屋を出ると、ロビー付近で、血圧、身長、体重を測ってもらう。これは、健康チェックのための測定だから、洗浄後の体重測定はない。でも今度やるときは頼んで測らせてもらおうっと。体重の増減を見て満足感に浸りたいよね。

そのとき、さっきの姉妹が通り過ぎて、同じ部屋に入って行った。

「あれ？　あっちの部屋はなに用ですか？」

「あれも腸内洗浄の部屋ですよ、2人用なんです。お友だちと来たときには、一緒にどうぞ」

断る！

一秒待たずに跳ねのけてやったさ、心の中でね！

いくら、宿便を取り除くという、医療行為であっても、うんちを出すことには変わりない。しかも、まるでお産的な体勢になって、お尻に管を入れ、ヒーハー言いながら苦しむ……どんな相手にだって見られたくないや。よく、2人でできるな！　看護師さんも、よく、悪びれずにお勧めできるな、そもそも、よくそんな部屋作ったな……ちょっとした感動だってば。

2回目なので余裕と思ったら……

さて、個室に通される。あるものはSメディカルとほとんど同じだ。乗ると自動的にM字開脚になるベッドと、笑顔で滝に打たれる昭和女の描かれた水タンク。その上には絶妙な角度で設置された、排泄物たちが映って確認できる、歓喜と悲哀の詰まった鏡。

ちなみにこのあと、別のメディカルエステにも腸内洗浄をしに行ったけど、やはり同じベッドとタンクが置かれていた。この昭和女の会社が、腸内洗浄機業界をほぼ独占しているのかもしれない。

施術の仕組みについては、もうわかっているから恐いものはない。着替えたりなんなり問題なく準備をすませ、にっくき宿便と決別する小一時間がスタート。

今回は、イヤホンで音楽を聴いている。だってもうバージンじゃないし、リラクゼーション気分まんまんなのだ。さあ、余裕の顔でレバーを上げて、腸にコーヒーを入れる。ためて、ためて、出〜〜す。余裕、よゆう、ヨユウのふり……。

めっちゃ、苦しい！　ナゾだ、2回目なのにどうして。むしろ前回より苦しいじゃないか……。

止めどなく入っては出て行くコーヒーの波を受け入れ続けていて、気づいた。答えは、私がにらむように見つめる壁時計が知っている。

そうか、この苦しみは、恐怖や羞恥から離脱している今回だからこそ。

さらなる効果を期待して、コーヒーを限界量までため込む。さらにため込み、ため込み、限界を超えて、限界の苦しい波が2回訪れるまではがまんする。そんな荒行に、毎回チャレンジしていたんだ。ドバッと勢いよく出すほどスッキリ倍増のはず、という安易な理論を糧に、新記録更新に挑み続ける！　なんて（ムダに）果敢な自分。がんばった結果の数値はすごい。去年は30秒間分の水を、腸に流し込むのが限界だったはずだけど、今回はなんと、1分50秒という世界記録並みの数字をたたき出しているではないの。

苦しみの原因に気づいたのなら、挑戦はやめて、音楽を聴きリラクゼーションタイムに転向すればいいのに……って、それはもうナンセンス、やめられっこない。だって、あぁ。排泄時の開放感ったら、ちょっと他と比べようもないほどなのよ。ご、極上エクスタシー。Mですな。うんこれ相当SM、ひとりSM。知ってしまった……（笑）。

自分で自分をいたぶり続けること45分、残りのコーヒーは5リットルほどになった。

前回のように、看護師さんを呼ぶ。

「どうですか？」

「とってもいいです」

「そうですか、じゃあ、5リットル足しますか？」

「はい！」

即答だよ。すばらしい、さすが世界の希望、ヤンヒー病院！　タダで5リットル分のエクスタシーを提供してくれた、ありがとう！

そうして、ぐったりの奥にすばらしいエクスタシーを秘めた小一時間は終了。

ダメ押しのトイレと、シャワーもすませて鏡を見ると、前回の落ち武者うなだれ顔とはまるで違う。無駄に色っぽい表情だった気がしているのだけど、まぁ思い込みか（笑）。

気分よく着替えると、笑顔で普通ナースたちとさようなら。お会計へ向かう。来たときに聞いてはいたけど、やっぱり安い。1階のショップでは200バーツ（約650円）で売られている、ヤンヒー特製食物繊維サプリもついて1000バーツ（約3250円）。やっぱりここは病院だな、すごいなー。

さて、2回目の感想は……概ね前回と同じ。スッキリ体が軽いし、おならはクリーンだし、お肌もプルンとしてくるし。

なにより違うのは、またひとつ、新たな心の扉を開けてしまったという感動。ひとりSMの快感が、DNAに染みついた気がしているんだよね。

Sメディカルクリニック（S Medical Clinic）
193/12, Lake Rajada Office Complex, 3rd Fl. Ratchadapisek Road, Klong-toey, Bangkok 10110
Thailand（取材後こちらに移転、腸内洗浄未完備）
http://www.smedicalclinic.com/

ヤンヒー病院（Yanhee Hospital）
454 Charasanitwong Road, Bang-O Bangkok 10700 Thailand
http://www.yanhee.jp/

Beauty World Trip 2

ラオス

世界一好きな美容法「薬草サウナ」！ お坊さんも、ゲイカップルも、みんな一緒にスーパーもち肌

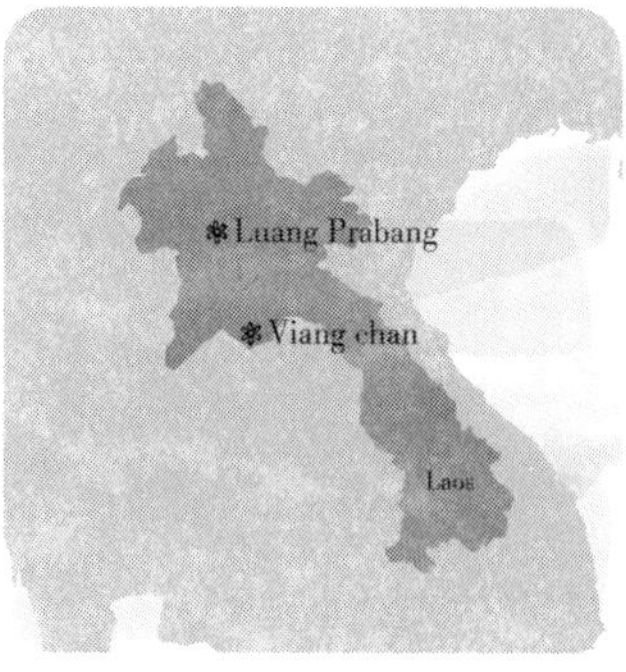

ラオスの首都・ビエンチャンを訪れた目的

ある年の2月、あっついラオスを訪問。

のんびり風をきるトゥクトゥクから外を眺める。いい空だなぁ。光が強すぎて空気が白くかすむほどだけど、やっぱり晴れ渡る空はきもちがいい。たまに見かける通行人は、にっこ〜り、穏やかな表情。10年以上前に訪れたときと同じ、やわらかな雰囲気に心がゆるむ。

一方、とりまく環境はだいぶ変わってる。きれいな建物が増え、規模も俄然広がって、アスファルトだらけだよ。道の両脇にはお店もわりとある。まだ町外れのはずだ

けど。う〜ん時は流れましたな。前はビエンチャンでさえ、舗装道路なんて200メートルくらいしかない印象だった。これが一国の首都かいっ！　と、ココロの中で何度つっ込んだことか。

しばらく走ると、トゥクトゥクは停まった。おっちゃんが先の広場を指差す。

「ビエンチャンだよ〜」

ぱちぱちぱちぱち。まばたき多発……うっそだぁ、ご冗談を。ガイドブックで、中心には噴水広場があるって書かれてるけど、そこの広場は違うでしょ。人はいないし、周りにあるお店らしき建物だってことごとく閉まってる。ここはまだ、手前の町とかじゃない？　でも、おっちゃんはまた言った。まのびした声で。

「ビエンチャンだよ〜」

……まぁいっか。もしここが違う町だとしても、コレも何かの縁でしょう。ちょっと歩いてみる価値はある。超ローカルな「薬草サウナ」に出会えるかもしれないしね。そうそう、今回ラオスを訪れた目的はそれなんだ。ハーブの香るミストで満ちる、いかにもお肌によさそうなサウナ。意外なサウナスポットに行きつくことを期待して腹をくくった。

トゥクトゥクが去って行くと、ちょっとしみじみ。彼がウソをついていたとしたら、それってある意味感慨深い。

どこの国だって、入国したばかりの右も左もわからない新参者をだますドライバーがいても不思議はない。これまで、ラオスにそんな人はいないと信じてたけど、人も世界も変わるから。ラオスにもそんなときがやってきたってことでしょ。けど。来てなかったのですよ、そんな時代は。

本当にこの閑散とした広場が、首都の中心の広場とわかったのですよ！　疑ってごめんね、おっちゃんそしてラオス。それでも、だまされてる疑惑があってさえも、不思議なくらいココロ穏やかにいられたのは、ここまで見かけた人々のやわらかな表情や、これが真実なのよ〜と物語っているような、潔白感溢れる青い空の賜物かな。

ラオスのマンゴージュースはなぜおいしい？

宿を探して歩き出すと、これまたびっくり。道の両脇には、カフェがいっぱい。しかもおしゃれ。なんかこう、おフランスの香りが漂ってる。窓の外からも垣間見えるケーキやパンはとってもおいしそうだし……そう、おいしそう！

以前ここを訪れたときは中国の雲南省から南下して来てたんだけど。お茶したいときは、はじめに見つけた食堂に入るのがお決まりだった。逃したら二度とそんな場所に出会えないのでは、という強迫観念があってね。

そんな中、珍しく出会ったカフェで、久々のクロワッサンを見つけて大喜び。確かおいしい麺料理の3倍くらいの値段はしたけど、ソッコー買ってパクリ。

ま、まずくて瞬時に吐き出しました。飲み込めないほどのまずさって、逆に高度(笑)。

そんなかつての有様を体感している者としては、今の状況に目がまんまるになって当然でしょ。ビエンチャンが自由が丘になったとしか思えない。あ、もちろん、日本で執筆してる今は、ビエンチャンはビエンチャンでしかないけどね。

宿もそう。俄然増えているし、高級ホテルからゲストハウスまで、ランクもひと通りそろってる。

わたしは、朝に夕にメコン川の畔《ほとり》をさんぽしたいから、河になるべく近くて、なるべく安く、けどちゃんとキレイなゲストハウスを探した。数軒見比べた結果「ミーサイゲストハウス」に決定。青い壁が爽やかなシングルルームで、1泊6万キープ(約900円)。上出来でしょ。

部屋に落ち着いたのはお昼前。この街の滞在予定は1泊2日で、翌日の夜にはルアンパバーンへ行くつもり。時間も限られていることだし、さっそく目的の「薬草サウナ」を探そうか。

できればガイドブックにはない、外国人率の低そうな町外れにあるところがいいなぁ。なので、ネット検索してみることに。

そうそう、今のビエンチャンはWi-Fi事情がわりといい。スムーズな無料電波が拾えるカフェや宿が多くて助かるな～。

そして発見、ザ・地元人向けな「ハーバル・サウナ」。住所をグーグルマップで検索、自分が持ってる地図に場所を書き込んで、タオルをバッグに入れたらレッツゴー。ところが、行けども行けども辿り着けない。なんで？ 2月だというのに、日差しはかなりの凶暴っぷりで、は〜もう、ナチュラルサウナならとっくに始まってるのに。そんなとき、生きる勇気をくれるのはフレッシュジュース屋さん。いや〜、南国が好きな理由のひとつはこれですよ。その辺ですぐに搾り立てをお安く飲めるって、贅沢すぎる。

はじめに引き寄せられたのは、広場近くのおしゃれカフェの前に、ポツンと佇《たたず》んでいた小さな屋台。店先には、おいしそうなマンゴーが積んである。

「サバイディ〜（ラオス語のこんにちは）。これちょうだい」

マンゴーを指差す。すると屋台のおかあさん、にっこ〜り。さっそくマンゴーの山に手を伸ばし、一個一個丁寧に触ったり香りを嗅いだりしながら、熟し具合を見てる。これは、というものを手にしたときには、一段にっこりが深まるんだよね、あぁかわいい。そんなことをしばし繰り返してマンゴーの選抜が完了すると、皮を剝いてミキサーに投入。砂糖の入った瓶を指差して、こっちを見る。

「ノーシュガーでよろしく〜」

おかあさん、ふわっとうなずき作業を続ける。そうしてできあがったマンゴージュースは……う〜ん、まったりしてて華やかな甘さ。顔がゆるむなぁ。すると、さっき

やってきた常連さんらしきお客さんが、

「おいしいでしょ〜」

とにこにこ話しかけてくれる。うん、類友ってこういうことだ。笑顔の人のもとには笑顔が集まるのね。ちなみに1杯8000キープ（約120円）、安っ。

サウナを求めて、再び歩く。まだまだ着かない。1時間くらい彷徨《さまよ》って、さっきの店舗の3倍くらいの規模の屋台に立ち寄る。

ご夫婦で仕込み中かな？　なにやら作業していたけど、笑顔で挨拶。

「サバイディー」

おかあさん、チラッ。そして視線をもとの場所へ戻す。おぉ、新鮮！　かつてこの国で、そんなクールな対応見たことない。そっか、そうだよね、いろんな人がいて当然。これまで勝手にラオス人笑顔率100％のイメージを抱いていたけど、そういえばそんなはずがない。自分もだいぶステレオタイプだったな。

ともあれ、さっきの2倍近い値のついたマンゴージュースを注文。おかあさんはうなずいたけど、なかなかマンゴーの作業は始まらない。通りにカメラを向けてのんびり待つ……いい写真撮れたから、作ってくれてなくてもまぁいいや。そう思った頃に、

「これ」

あ、覚えててくれてたんだ、ラッキー！　思いがけない幸せ効果（笑）。相変わらずぶっきらぼうなおかあさんから、満面の笑みでジュースを受け取ると、お金を払っ

てさようなら。

味は、薄くておいしくもなかったよ……すごい！　作り手の心は、やっぱり如実に表れるよね！　書いて撮る者としては、納得と感動と反省があった（笑）。

それにしても、ラオスのマンゴージュースは全体的に他の国のよりも甘くて濃密なのはどうして？　マンゴーの旬は3～5月。このときは2月の末だった。いい時期というのもあると思うけど……あとは、一般的にジュースを作るときのマンゴーの使い方が太っ腹なのかな？　ラオスを訪れたなら、ぜひ飲んでみて！

薬草サウナに到着

さてサウナ。迷いに迷って、宿の方へ戻ってみたら、偶然発見。わかりやすく行くには、メコン川からどうぞ。川沿いの道から延びるチャオ・アノウ（Chao Anou）通りの右手側を5分くらい進むと路地がある。そこには、飾り立てる気のない例の看板があるからきっとわかるでしょう。その路地を道なりに30メートルほど進んだ、白地に緑で「STEAM SAUNA」と書かれている看板があるお店。お店っぽくないけどそれだから。

ちなみに、ほんの少しだけのこの路地が、とっても爽やかで好きだった。木々が生い茂って森みたい。葉っぱの隙間から光がキラキラ差し込んで、別次元へと導かれて

道の先へと吸い込まれてしまいそうな魅力的な路地にある、ハーバルスチームサウナの入り口。

いきそうだ。ココロはすでにデトックス。首都の真ん中にこんな奥深い空間があるなんて。思いがけずラオスの魅力を再確認した気分。

時刻は夕方5時30分、受付には、にっこにこのおかあさん。

「サバイディ～。日本から？」

彼女はほどほどに英語ができる。きっとわたしと同じくらいかな。旅するのに困らないけど、詳しいことは表情と動きを大いに駆使して伝えるレベル（笑）。

「コレ使う？」

エキゾチックな柄のつい

た布を棚から取ると、自分の胸元にあてた。なるほど、サウナで着るサロンかな、さっきネットでちらっと見たよ。地元の人は自前のサロンを使うことも多いらしい。わたしは借りないとね。

サウナ代2万キープ（約300円）と、レンタルサロン代2000キープ（約30円）を支払うと、鍵とコップも出してくれた。

「これは、ハーブティーを飲むとき使ってね、無料だから」

薬草サウナに入りつつハーブティーを飲むなんて、外からも内からもハーブをチャージということね。いかにも美容によさそう。

みかん科の木の粉のタナカ

ふと、カウンターの脇にある、たくさんの不思議アイテムが気になった。

大きな瓶は2つ。ひとつは瓶に「タナカ」と書かれ、ちょっと渋いくすんだ黄色の粉が入ってる。もうひとつには「ターメリック」の文字が。カレーに使う、真っ黄色のターメリックだと思うけど、入っているのは茶色の粉。エスプレッソ用に細挽きしたコーヒー豆みたいだ。

隣のガラスの棚には、小さな瓶に詰められた緑の粉や、200ミリリットルくらいの白いラベルの瓶などなど。この一角は理科の実験室チック。

「これは何に使うの？」

と瓶を指差すと、おかあさんは、パッと顔を輝かせる。

「お肌にいいのよ〜、スリムになるし」

そして、身振り手振りでの渾身《こんしん》の会話。瓶から粉を取り出すふり、他のなにかをかけるふり、ごちゃぐちゃ混ぜるふり。そうして両手を顔や体にこすりつけるふり。きっと、いろんなものをお好みで調合して、顔や体に塗るって言ってるんだろうな。おもしろそう！

「顔のお肌にいい組み合わせはなぁに？　あなたの一番お気に入りのをやりたいな」

「これとこれよ」

迷うことなく、「タナカ」の瓶と蜂蜜の入った瓶を、ポンポンとたたいた。

「じゃ、それちょうだい」

タナカは言っておくけど、田中さんではない。お隣ミャンマーに自生している「タナカ」というみかん科の木の粉のこと。

わたしがその存在を知ったのは、ミャンマーに行ったとき。

多くの大人の女性や子供が、黄色の粉に水を加えて白っぽいペーストにしたタナカを顔一面に塗ったり、葉っぱや渦巻きなどをほっぺに描いてアートしたりしているから、ミャンマーにいればどうしたって知ることになるんだ。

お化粧&日焼け止めと、毛穴の引き締め効果が狙いだと聞いていた。まぁ、ミャン

カウンターとその周りには、怪しい粉がいっぱい。

マーであれだけ浸透してるのだから、お隣ラオスで使われていても不思議じゃないよね。

とはいえ、やっぱりここはラオスで、普段タナカを塗ってる人はいないから。ビエンチャンの街中を歩いていて、前の角から現れた人が、顔に白い何やらを塗りたくってるのを目にしたときは……一瞬飲み込めず二度見……の後、にままー。盛大ににやけてしまった。浅黒いお肌によく映える。その顔で背筋を伸ばし毅然と歩くお姿、なかなかの迫力だったよ（笑）。

ちなみに、マダガスカルでもお肌に白い何かを塗りたくってる人がいたけど、あっちは「タバキ」というらしい。「マスンジュアニー」や「フィハミー」という、どこぞの密教儀式みたいな響きの木の粉から作られているとか。効能はタナカとだいたい同じで、東南アジアより塗りたくり度が高かった。

話をラオスのサウナに戻してと。「タナカ×

蜂蜜」は、3000+3000=6000キープ（約90円）。おかあさんは、慣れた手つきでそれぞれをティースプーン山盛り2杯ずつ、小さなプラスチックの容器に入れ、コンビニでプリンを買うとくれるような使い捨てのスプーンを添えて手渡してくれた。

ところで、カウンターの後ろには、ヨーグルトや牛乳が入った冷蔵庫もある。サウナから出たら、腰に手をあてて飲むのかな。日本の銭湯みたいでなんだかうれしい。わたしも後で飲ーもうっと。

「じゃ、こっちよ」

必要なものは全部受け取ったみたい。おかあさんは屋外のサウナスペースに案内してくれる。

そこはテニスコートよりひと回り小さい広さの中庭のようなところで、ベンチがいくつか置かれていた。で、サロン一枚をまとっただけの裸同然の男女が、同じ空間でのんびりくつろいでいる……う〜ん、アダムとイブの新世紀。楽園風ね。まぁ、ゆるく男女で陣地が分かれているようで、入り乱れている雰囲気はないのだけど。

まずはサロンに着替えようっと。ロッカールームは6畳ほどの空間に、木のロッカーが並んでいるだけのシンプルな部屋だった。

ていうか気になる！　中庭からこの空間が丸見えなんだよね（笑）。

扉はもちろんある。でも閉めないのが流儀みたい。一体どう着替えるのさ。まぁ、部屋の奥に1畳くらいの個室がひとつあるから、裸になるときはそこを使えばいいのだけど。それにしても、脱衣所のぞき放題はなしでしょ〜。

……と、思ったけど。ここにいる女性も、外の男性も、だ〜れも気にしてる様子がない。これは、恥ずかしがる方が恥ずかしいですな。

なので、ある程度脱いでから個室にこもってサロン姿に。サロンはエキゾチックな竹柄のコットン製だった。形はテルテル坊主式。ほら、小学生の頃、教室で水着に着替えるときに使ったゴムの入ったスカート状のタオル、あんな雰囲気のやつ。

他のサウナで借りたサロンは、ゴムなしの筒状や、まったく縫われていない布一枚のところもあったから、店ごとに違うみたいだけど。このテルテル坊主式はとっても便利だと後になってわかった。

準備ができたら荷物をロッカーに入れてと。

ロッカーは、会計時に受け取った鍵の番号のところをどうぞ。個人的には大いに安心、お金も一眼レフカメラも全部ここ。とはいえ、安全への信頼はそれぞれの感覚にお任せします。宿が信頼できるなら、貴重品はそちらに置いてくるとかね。

さぁ、いよいよサウナ。はじめに鯉柄タイルの池で水をかぶるっておかあさんが教えてくれたから、桶に水をくむ……冷たっ！　いやいやいや、南国だからってこれはムリでしょ！

池の前でかたまっていたら、後から来た女性が平然とかぶるんだもの、はぁぁかぶりましたよ。すると、ココロがシャキーン！　やる気スイッチ入りました～！　なるほど、このための冷水か？

熱すぎるミストサウナで美の修行

気分はキリリ、背筋を伸ばして女性用のサウナの前へ行くと、ちょうど扉が開き、若い女性が出てきた。上を向いて「ふぅ～」……だいぶつらそう。

わたしは冷たいのには弱いけど、熱いのには自信あり。しかもお風呂大国の出身だし、ちょっといいとこ見せちゃうよ～。ココロでつぶやき強気のサウナイン。意気揚々と重い扉を開ける。

ぶわわっ！　大量のあっついミストが迫りくる。一瞬びくっとしたけど、かっこつけてるモードなので、なにくわぬ顔してスタスタ入る。

「あっつ！」

入って3秒、おののいた。

熱すぎるでしょ、燃えちゃうよ！　温度計なんてないけど、あの焼ける感じは100度は超えてるんじゃないの⁇

いや……体感的にはそのくらいだと思うけど、ミストサウナだから55度くらいかな。一般的なミストサウナは40度くらいだから、きっとそのくらいはあったでしょ！

そうそう、なんでミストサウナと乾燥サウナの温度が違うかというと、前者は熱伝導に優れた水分が体に直接まとわりつく分、温度が低く設定されてるそうで……って、そんなうんちくどうでもよくなる。熱さが桁違いなんだもの！

サウナに入って熱さにぎょっとしたのは初めて。今こそあの、事前儀式で無理だった冷た〜い池の水が恋しいよぉ。まさに冷静と情熱の間、極端すぎでしょ、そんな激しい国とは思えないんだけど！

とはいえ、耐えるしかない。周りでじっと耐えてる女性たちが、急に運命共同体に見えてきた。先輩、ついてゆきます！　ココロで宣言すると、恐れ多くも、先輩方に並んで腰をかけ、じ〜っ。

しばらくたつと、体も目もだいぶ慣れてくる。薄暗い空間に白い煙がもうもうと立ち込め、はぁ〜なんだか神秘的。蒸気の一粒一粒に、ハーブの香りが濃厚に感じられてたまらない〜。いかにもお肌によさそう。

一番端に移動してみると、いろんなハーブがどっさり入れられたザルがあった。なるほど、これが快感の素か、スリスリしたい気分。ところでなんのハーブが入っているんだろ。先輩方に聞いてみたけど、知らないって。というか、話が通じてるのか、いまいちわからない（笑）。熱くて読解する気力もない。まぁ、帰りにおかあさんに聞いてみよう。

入って5分はたったかな……ある瞬間、ハッ。もうダメ！　急に限界を感じて、あわてて重い扉を押し開け、外へと飛び出した。あぁぁ笑えない、ニコッてできない、さっき見た女性と同じ。上を向いて、ふぅ〜。

これは修行だな。間違いない、美の修行。

頭から牛乳をかぶり、顔に蜂蜜を塗る

そのとき目の前のベンチに座っている女性が牛乳パックを手に取り、ガッと大胆に開けた。と思ったら、ザバーッ！　勢いよくかぶった、頭から！

の、飲むんじゃないんだ⁉

なるほど……受付で売られている牛乳は、のどを潤す役割ではなく、お肌を潤す用だったのか。う〜ん、深い。深いし、びっくりだし、なんか納得。

美にかけるラオス女性の熱に感動しつつ、わたしもベンチに座ってひと休み。テーブルに置かれたやかんからコップにハーブティーを注ぎ、じっくり味わう。

うわ、おいし。体への染み込み度ハンパない。内側からも、いかにもお肌にいい感じ。じゃあこの状態で美容に効くものを塗りたくれば、外側からもちゃんとお肌に染み込んでくれるに違いない。

期待が高まったところで「タナカ×蜂蜜」を塗ることに。受付で受け取った容器に入ったそれらを、使い捨てのスプーンでぐるぐるかき混ぜる。どんどんペースト状に

なっていく。黄色い粘土みたいでおもしろい。

すっかりダマがなくなると、男性エリアと女性エリアがなんとなく交じっているところにある鏡の前に移動。まずは顔に塗ってみよ。

ベットベト。予想通り顔に絡みつき、しがみつき、みるみる黄色い面に変貌。そう、「顔」とか言ってる場合じゃないんだよね、「面」です、ツラ。奇抜~。鏡の中にいるのは確実に宇宙人（笑）。いや~だいぶおもしろい。

ただ、塗っている間も汗で粘度がうすまって、ペーストが垂れ出し人間の顔が見え隠れ。そして目や口が溶け出したペーストに攻撃され始めるんだ。痛くて、苦くて、甘い。人間に戻るのって過酷……。

顔を塗り切ると、次は体。ペーストの量は一見少ないけど、よく伸びて顔も体もそこら中に塗りたくれる。でもどうやってサロンの下に塗ろうかな。いや、あきらめようかな？　思案していると、あちらの女性が立ったまま頭をサロンの中に埋め、もぞもぞし始めた。

なるほど、テルテル坊主の中で、ちゃんと目視しつつ塗りたいところに塗りつけているんだな。だからサロンはこの形に縫われてるんだな、的確。

でもここ……すぐそこには男性いるんだけど。なんか妙なエロさがある（笑）。

男性の反応は？

見渡すと、みんな自分のケアか、男性同士のおしゃべりに夢中で、ぜんぜん女性を

ベトベトで気色悪いほど、効果がありそうと思ってしまうのはただの思い込みか？

見ていない。いつもの光景すぎて、興味もないのかな。いや、あるのかもしれないけど、見ちゃいけないものは見ないのかな。正しいみなさんでありますなぁ。

では宇宙人のわたしも失礼して。サロンの中に頭を突っ込み、隅々まで塗りつくす。

さぁ、再びのサウナ。今度はさっきより余裕がある。なにごともファーストコンタクトは衝撃が違いますな。よく見ると、先輩方はしきりに体のあちこちを揉んでいる。真似してみよう。ハーブのエキスも染み込む感じするし。

「サバイディ～、ここにはよく来ますか？」

右隣の、たぶん30歳前後の2人組のおしゃべりが途切れたときに話しかけてみる。

二人は笑顔をくれた。うん、通じていないっぽい。

「〇×△X■」

「うん、ジャパン。アイライクラオス」

きっと、初めに聞かれるのは、国籍とか、こんな感じでしょ（笑）。

そんななんとなく会話は和やかに、適度に続く。半分くらいは笑い声でしめられてるよ（笑）。

いえいえ、作り笑いじゃございません。ちょっとでも通じた感があると、うれしくってね。自然と笑えてくるから不思議でしょ。平和～。

すると、さっき入ってきて左隣に座った女性が、急にサロンを下ろして……裸になった！　そして全身をもみもみもみ……。

まぁ、日本の銭湯なんて素っ裸だけどさ。でも、着ていたものを脱ぐ行為が入るのと、ハナっから脱いでいるのとでは訳が違う。どきどきするなー（笑）！

ところがみんな平然。女性同士だし、サウナだし、気にしなーい、という論理かな。

うん、やっぱり、恥ずかしがる方が恥ずかしい。ならばわたしも失礼して。

サロンを下げて、大いに自分の体を揉みほぐす。セルフマッサージなんてほとんどやったことないけど、美容効果が上がりそうな動きってどんなのだろう、と、自分を実験台にいろいろやってみる。せっかくラオスまでやってきて熱い思いしてるのだし、最大限サウナ効果を引き出したいんだ。

おかげさまでこのとき以来、自分を揉みほぐせるようになったんだ。

肌が自分史上、最高の柔らかさに！

そんなわけで、サウナでマッサージ↓ハーブティー飲みつつペースト塗りたくり↓サウナ……の繰り返し。まわりの真剣な女性の作法を見たり、しゃべったりするのも楽しくて、3時間もいすわってしまった（笑）。

最後、水浴び小屋で桶を使ってもろもろスッキリ流し、更衣室へ戻って鏡の前で改めてほっぺを触る……びっくり！

や、柔らかい、柔らかいのですー！　自分史上、一番柔らかくて手に吸いつくんだもの、一瞬人違いかと思った！

大感激にふわふわしながら、受付のおかあさんにたくさんお礼を言う。彼女も本当にうれしそうな表情をしてくれて、しあわせ倍増。

そうだ、ハーブの組み合わせを聞いてみよう。

「いろいろよ、たくさん」

「例えばなんていうハーブですか？」

でも、答えてもらえなかった。いい空気感で教えてくれないってことは……。

「お店ごとに組み合わせが違うの？」

「そうなのよ、だから内緒」

その後、知り合ったラオスの数人に聞いたけど、みんな詳しくは把握していないみたい。ラオス名はわかるけど、英語はわからなくて……という人もひとりいた。今思えばラオス語で書いてもらえばよかったな。

ただ、「レモングラス」の名前だけはよく聞いた。想像するに、日本の入浴剤にいろんな香りがあるように、なんでもありなんだろうな。中でも「レモングラス」は基本のキなんだろうな。入浴剤でもレモンの香りはよくあるしね。

2回目の薬草サウナに向かう道中で

2日目の朝。ビエンチャンのゲストハウスは朝食つきが主流みたい。

すごーくのんびり運ばれてきたプレートには、トーストと、目玉焼き2つと、薄切りキュウリとバナナ。濃くてまったり甘いラオ珈琲も一緒にね。

バックパッカーが行き交うにぎやかなリビングでいただく、普通のメニュー。

なのに、なんだろう！　ココロに風が通るこの感じ。実はぱさぱさのトーストもおいしく思える。隣に座ってるラオス人ビジネスマンが、わたしのお皿の上にまだあるキュウリを見て「コレ好きなんだ」とぱくっと食べちゃう。あははと笑う。

こういうとき、旅が好きだなぁと、しみじみ思う。

さぁ、今日も薬草サウナへ行きますよ。

前日訪れたのは午後5時すぎ。今日は昼間のサウナ事情を観察してみようかな。開店が午後3時だから、そのくらいの時間まではおさんぽしてよう。

一眼レフカメラを首から下げて、宿を出る。

日陰を歩いていると、向こうのメコン沿いの道にちびっこトリオが。日差しがたっぷり降り注ぐ中、「うわーっ」と突然走りだす。ひとりが止まると他の二人もあわててブレーキ、全員ピタッとキレイに停止すると大爆笑。

数秒すると、再びみんなでわっと走りだし、急ブレーキの大爆笑……永遠。「それ、ほんとにオモシロイの？」って言いたくなる感じがたまらないよね、にやけちゃう。

気づくと、そんなにやけ顔のわたしを、さらににんまりしながら道端に座って眺めてるおっちゃんが。「サバイディ〜」と、手を振り合う。あ、おっちゃんの後ろの道の壁には、まさにヘタウマな落書きがあるよ。

少し進むと、ガラス越しに大きめギンガムチェックの赤いテーブルクロスが映える、おフランスの香り漂うかわいいカフェを発見。あとでお茶しに来ようかな〜。

また少し行くと、フレッシュジュースの屋台が。マンゴーやパパイヤ、バナナにアボカド、瑞々《みずみず》しいフルーツが太陽に輝いておいしそう。「ドコ行くの〜？　乗せてくよ〜」ちょっとしつこめのトゥクトゥクのドライバー、店先での〜びきってあくびする猫……そんなのを包み込む空は真っ青すぎて。撮りたいシーンが多すぎる、ぜんぜん前に進めやしない。

しばらくして、白いげじげじ眉毛の超ソース顔の神様像に行き当たる。キンキラキンの衣装を着て、頭にピラミッドみたいな三角載せて、門の左右に立ちはだかるペア。ヘン！　奥にお寺があるから、護り神の猿神かな……いや〜、このお顔見たら笑って抵抗できなくなるわ。さすが護り神。

こういうのを作り出すキッチュなセンスも、こんなゆかいな神様たち（失礼！）を崇拝して、真剣に祈りを捧げられる人々の寛大さ（？）も、ほんと好きだな。

境内に入ると、赤や黄色、白やオレンジ、青などカラフルな仏教の旗が盛大にひらめいてて。あ〜受け入れられてる。よそ者をよそ者にしない、ふわんとしたクッションのような包容力を、ここの空気に感じてるんだ。

そのままお堂にお邪魔します。お坊さんがひとり、座っていた。

「サバイディ〜」

すると、にこにこにこっ。挨拶を返してくれた。「日本人？」「どこに泊まってるの？」「ひとり？」など、旅人向けの質問をしてくれる気さくな方だ。40歳くらいかな。筋肉はたくましく、堂々とした佇まい。

ふと、彼の視線はわたしのカメラに。

「撮っていいよ」

こっちの思いを先回りでくみ取って提案してくれるなんて、気が利きすぎる。たしかにちょっと言いづらかったんだ、お坊さんだし。

お礼を言って、仏教画の描かれた壁の辺りでポーズをしてもらう。絵になるな〜。すると、

「日本のお札を見たいな」

あら、お布施のおねだり？　まあ……撮らせていただいたし、うれしかったしするべきだよね。それにしても、お札ってことは、少なくとも１０００円でしょ。ラオスの物価からするとだいぶ大きな額だよね。

なーんて一瞬思ったけど、屈託のない笑顔に下心はないと見た。１０００円札を渡すと、表から裏から眺めまわしてとってもうれしそう。そして感心の面持ちになって袈裟《けさ》をもぞもぞ。取り出したのは、iPhone!　１０００円札にiPhoneカメラを向けて、慎重にシャッターを切る。すると満足そうにお札を返してくれた。

続いて、なんとまぁ、フェイスブックの名前をわたしに告げる。はい、Wi-Fiを捕まえた暁には、探して申請させていただきますっ……坊主最先端（笑）。

そこに、少し若い、やさしい笑顔のお坊さんが本を持ってやってきた。あれ？　表紙がサグラダファミリアだ。

「スペイン語会話の本だよ、タイで買ってきたんだ。いつか行きたくて」

う〜ん、坊さんたちよ。煩悩まみれやん（笑）！

そうだ、お坊さんだって人間だ。普段はいろんな私情を抑えて、役割を全うしてるに違いない。通りすがりの外国人にくらい、煩悩見せてくれてもいいからね、どんと来〜い。

勝手に状況を飲み込んだ気になったら、ラオスの人と仏教が、一気に身近に感じられた。

それにしても、わたしとは英語で、お坊さん同士はラオス語で会話して。タイ語で書かれた本でスペイン語を勉強するってすごい。

「本、見ていい？」

聞きつつのぞき込むと、彼はハッと固まった。筋肉のお坊さんが、

「ぼくらは女性に触れちゃいけないんだ」

あぁそうでした、ごめんなさい！　お金や旅への興味は許しても、♂♀問題だけは別格なんだね。これが煩悩の根源ってことかしらん。

牛乳とタマリンドのペーストをチョイス

そんなこんなであっという間に午後3時。薬草サウナ2回戦のはじまりはじまり〜。

受付には前日と同じおかあさん。今日は、体がツルツルになるペーストの組み合わせを聞いてみた。教えてくれたのは2つ。

1．牛乳＋タマリンド（東南アジアで料理によく使われる酸っぱい豆科の植物）
2．ヨーグルト＋挽いた珈琲豆

どちらも乳製品と、ちょっと角のあるもの。お肌のいらない角質を取り除きつつ、油分でしっとりさせるという作戦か。

そうそう、ラオスの珈琲はたいてい深煎りで油分が多めだから、お肌にはよりいいのかも。どっちも気になるな〜、選べない。なので、お店の彼女に、個人的なお気に入りを聞いて、1の組み合わせをチョイス。お値段は、牛乳5000キープ（約75円）とタマリンド2000キープ（約30円）。つくづくお安い国だこと。

ちなみに、次に来た人は「ヨーグルト＋オーツ＋蜂蜜」を注文していた。人それぞれ、相性のいい組み合わせがあるみたい。いくらでも試したいな。

ではでは、昨日と同じく、借りたテルテル坊主式サロンをかぶって、冷水からのサウナへ。

ドアを開けると……あつっ！　やっぱりあっつい！

ていうか、昨日よりもさらに熱いでしょこれ、効きそうですっ（涙）。

そういえば時間は午後3時ちょっとすぎ。多くの人は働いている頃合いだよね、サウナの中にいるのは自分のみ。スタートアップの強い火力と、人の出入りのなさがもたらす熱さかな。燃えるってば。髪の毛なんてあっという間に火がつきそう。ただただ耐える、乙なひととき……。

体の芯まで燃えつきそうになったところでサウナから出ると、さっきもいた50代くらいの女性の他に、20〜30代くらいの女性が2人増えていた。3時30分すぎで、女性客が3人。

男性客は外でくつろいでるだけでも6人いる。ふ〜ん、男性は仕事お休みの人が多いのね〜(笑)。

アジア諸国は、女性の方が働き者のイメージがあるけど、ラオスもそうだな。女エライ。

「サバイディ〜。今日はお休み?」

休憩スペースで隣に座っている女性に話しかけてみた。

「どのくらいサウナには来るの?」

「週1くらいかなぁお肌にいいし、疲れもとれるから欠かせないわ」

「へ〜、週1も！　日本にはもっとシンプルなサウナがあるけど、めったに行かないなぁ。男性の方が行くかも」

「ラオス人なら週1は当たり前よ、人とも話せてストレス解消にもなるし」

美意識の高さにびっくり！　確かに、昨日からここで出会う女性のサウナっぷりは真剣そのもの。求めるのは「美容健康」対「リラックス・社交」＝9対1くらいと見た。

男性も、日本に比べたらずっと真剣そうだけど、女性よりは社交場感がより強そう。「美容健康」対「リラックス・社交」＝3対2ってとこかな。その社交効果もあってか、あとは女性より働かない人が多いから（？）、お客の人数も男性が2倍くらい多いんだろうな。

とはいえ、あとに宿や店で出会った人たちにサウナ頻度を聞くと、行かない人もかなりいるみたい。週1で通うほど熱心な人が、比較的多い、という感じかな。

さてさて、牛乳とタマリンドを塗ろうと、あちらで同じ組み合わせを混ぜている女性の作法をまねる。

タマリンドの入った容器に、牛乳を適量注いで混ぜるのみ。お肌に塗りやすい粘り加減にね。ひたすらぐちゃぐちゃ。タマリンドの触感は、ドライプルーンをもう一段固く、繊維っぽくした感じ。指先で実をほぐしながら、牛乳になじませる。悪さしてるみたいで楽しいな〜。しかもすでに指がしっとりしてきてうれしい。

一方で、もしここが手食の国だったら、このまま手ですくって口に運んでもいいかも、とか思ったり。う〜ん、手元も思考もぐっちゃんぐっちゃん、違う角度の風がどんどん脳みそに入り込む。

ある程度混ぜたら、昨日と同じく、男女混合地帯の鏡の前へ行き、ほっぺにベトッ。ぬるねとっとした感覚がやみつきになりそう。鼻の頭と周りにもベトッ。おぉ、牛乳香りすぎ。

あ……この感じ懐かしい。給食中に笑い転げて牛乳を鼻から出した小4以来の香りっぷりじゃないの。

ところで、こんなにお客が牛乳やらヨーグルトやらを派手にこねくりまわしているのに、どうしていつも辺りが清潔なんだろう。もっと汚れていてもおかしくない気がするけど。

そんなことを考えていたら、サウナから出てきたおかあさんが鯉柄の池へ行き、バケツに水をくんで、女性用のベンチの辺りの床にザバーッ。

なるほど、気づいた人がキレイにするのが当たり前になっているみたい。タマリンドやヨーグルトのかすが入ったゴミ箱は、お店のおかあさんがタイミングを見てこまめに処理してくれるから、いつもスッキリ。

ナチュラルな気遣いが、普通に充満しているのもラオスっぽい。かっこいい国だな。

混浴サウナで男の視線は……

それにしても、昨日からずっと意外に思っているのは男女の距離感。

混浴状態のこのサウナにおいて、異性を気にする様子を不思議なほど感じないのにはびっくりしてる。とくに男性は感心。誰も女性を見ないなんて、まるで予想していなかったな。モラルがきちんと働いてるってことだよね。暗黙の了解的なヤツ。

混浴状態、という開けっぴろげな状況も、逆にモラルを正しく導いている気がしてる。もし「見ちゃダメです」と、柵を立てられたら妄想が働いて余計見たくなるでしょ。

わたしだって、男女が隣り合わせた露天風呂で男性側から声が聞こえてくると、ちょっと想像しちゃうことあるもの（笑）。校則だって、鶴の恩返しだってそうだ。決まりがあると破りたくなるのが人情だものね。

まぁでも、女性たちも黄色いベタベタを顔中に塗りつけたり、牛乳を頭からかぶっているのを男性陣が知っているから、単純に見たくない、という説もけっこう有効かな（笑）。

そうそう、男性が女性側を見ないのを知っているのは、わたしはそっちを見てるから（笑）。欲望じゃありません、取材です（キリッ）。

というか、わたしがラオス男性からコソッと見られているのに気づいたとき、自分は外国人だから仕方ない、外国人は「女性」というより「異物」だと悟ったから。ならば、こちらから見て相手も、男より異物が先に立っていいでしょ。

ひとりでサウナに来ている男性の反応はわかりやすくて笑えた。

わたしが女性エリアのベンチでハーブティーを飲んでいるとき、その人は男性エリアの中でもこちらに近いところの、わたしの正面辺りに着席。すると、たぶんヨーグルトと珈琲だと思うのだけど、真剣な面持ちでこねくりだした。やっぱり男性も美意識が高いのね。

じゃあ、わたしもぼんやりしてないでなんかしよ。

足を投げ出し、ふくらはぎのリンパマッサージを始めてみた。まぁ、イメージだけどね。「リンパ流れろ〜」と念じてるからリンパマッサージ（笑）。

しばらくしてふと顔を上げると、正面の男性が顔を下げた。そして素早くペーストを手ですくって自分の体に塗り塗り。

わたしもまた、足のリンパを流し始める。ふと顔を上げる、彼は顔を下げる……というのが数度続いた後、目と目がバチッ……。

ガタッ。あらら、彼は珈琲ヨーグルトの容器を倒しちゃったよ。

「しまった！」というココロの声が聞こえてきた気がして微笑ましい。

男性エリアのすみっこで、大笑い連発の、井戸端会議なおっちゃんトリオは、たまにわたしを話題にしてるっぽかった。

わっと盛り上がる、げらげら笑う、笑いが止まる、3人そろってパッとこちらを見る。そんな流れが3回くらい。コントかっ。

上半身裸のおっちゃんたちよ、赤青黄色のラメ入り蝶ネクタイくっつけて、デコをたたき合ってはくれませんか。

するとベンチの隣に、30代くらいの白人女性がやってきた。へぇ、珍しい！　昨日も今日も、外国人はわたし以外で初めての登場だ。しかも、明るい栗毛色の髪の毛と、白い長身のシルエットはだいぶインパクトが強い。

「サウナきもちいいですね～。わたしは日本人、どこから来たの？」

「フランスよ、フランス語の教師をしてるの」

「ビエンチャンで？　いいなぁ、長く住んでるってことでしょ？」

「そうね、今、半年くらいになるわ。あなたは旅行？」

「そう。薬草サウナとっても気に入ったから、住んでるのはとってもうらやましいなぁ。よく来るの？」

「うん、大好きよ。週に1回は来るわ」

ん？　もしや蝶ネクタイのおっちゃんたち見てるんじゃゃ……彼らの方を見ると、そこそこじゃなく、ばっちり見てた（笑）。

気持ちわかるよ、おっちゃんたち。彼女キレイだもん、わたしだって観察しちゃう。女だからこんな間近で見ていられるけど、いいものは分け合わないとね（笑）。

ただ、彼女はぜんぜん男性側を見ない。もうとっくに視線には慣れているのかもしれないな。

サウナに入ったり、塗ったり揉んだりしながら、男性側含めた、この場全体の観察を続ける。

おっと、今度はあっちのベンチに盛大な入れ墨を施した強面《こわもて》の男性を発見。手にはヨーグルトを持っている。ごついおっちゃんも塗るんだなぁ、男もお肌が大事よね〜。

すると、やさしそう、かつ弱そうなヒョロイ男性がやってきた。

隣に座ると、みかんかな？　柑橘系の果物5つくらいを前のテーブルに置く。強面となにか話し、薄く笑うとせっせとみかんの皮を剝きだした。一方強面は上機嫌、ガハガハ笑って楽しそう〜。

少しすると、強面はヨーグルトのフタを開けた。どこに塗るのかな？　ワクワクしながら注目！

「顔に塗れ、バカ殿みたいに白くなれ」

念じるわたし。彼はヨーグルトをカップごと顔に近づける。

「え、うそ、ほんとにバカ殿コース？」

だいぶ目を丸くしてにやけて見ていると、グワッと一気に……食べ切りました。ですよね〜。サウナにいすぎて、ヨーグルトは塗るものと思い込みかけてたけど。いえいえ、あれは食べ物です、ハイ。

そして強面、満足そうにひと笑いすると、ヒョロ男がせっせと剝き続けている果物を体に塗りつけだした。剝いても剝いても、どんどん消えて……ジャイアンめ（笑）。

坊主が袈裟ごとサウナにイン！

ん？　ここで意外すぎる人登場。お坊さん！　昼間と同じオレンジ色の袈裟を着た、10代後半くらいのうら若いお坊さんが2人。煩悩の宝庫（にだってなり得る）サウナに来ちゃったよ。キレイになりたい裸スレスレの女性が集う、混浴もどきのサウナに、いいの？

わくわくして彼らが入って行った更衣室の出入り口に注目していると、あっという間に再登場。あれ、袈裟は着たまま？

スタスタスタ。鯉柄の池のところまで行くと、ザバーッ。頭から水をひとかぶりして、スッとサウナ小屋へ向かった。

そして袈裟ごとサウナイン！　おぉぉロックですね。

わたしも、サウナに入ったり出たりしつつ、お坊さんの行方を気にかける。あるタイミングで中庭のイスに座ってひとりで休憩しているお姿を発見。袈裟、ちゃんと濡れてます。そして外国人のわたしに気づくと、他の男性と同じように、チラッチラッからの、ジロジロ。でも、他の男性と違って、特にペーストなど何も持っていないし、誰かと会話している訳でもない。見ているのをごまかすすべがない。うん、ある意味、誰より正々堂々見られてる（笑）。

しかもこちらも観察しているものだから、目がバチッと合う瞬間もたびたびあった。

そういうときは毎回「ハッ」と目を丸くして、左斜め上空を見るんだよね。人間って、ウソをつくとき目線が左上になるって聞いたことあるけど、ほんとだ。思わぬところで証明された(笑)。

あ、いえ、存じております。その視線は煩悩ではないです。外国人という異物混入の事態について、状況を確認されているのですよね。

そんな調子で、体には何も塗らず、ひたすら汗を流す数回のサウナを堪能されると、濡れた袈裟のまま2人で帰って行かれました。うん、ロックですね。いいもん見た〜。

さて、2時間があっという間に過ぎ、タイムリミットがやってきた。わたしはこの後、夜行バスに乗って、古都ルアンパバーンを目指す予定なのだ。あわてて体を水で流し、開けっぴろげの更衣室で体をふき着替える。それが……お肌ツルッツル、自分のお肌じゃないみたい！　まるでバンコクのゴーゴーバーで触らせてもらったおかまちゃんのデコルテの如し！　彼女らはお肌のメンテナンスに命をかけてたよね〜、同レベルってしあわせすぎる。「タマリンド＋牛乳」は、ツルツル効果が強力で、女子力3割増した気分。

ちなみに、前日の「タナカ＋蜂蜜」と比べると、この日のメニューはツルツル度がより高く、やわらかもっちり度は少し落ちる。どっちもどっちのよさがあるけど……個人的には、僅差で「タナカ＋蜂蜜」派かな。あのお肌のやわらかさは、他のエステでも味わったことがなかったな。いつでもやりたい。

ラオスの古都ルアンパバーンへ移動

夜行バスにゆられること18時間、世界遺産の古都ルアンパバーンへ移動。

メコン川の近くに宿を決めると、さっそくおさんぽ。重みのあるお寺や、おしゃれなカフェや雑貨屋さんや、きもちのいい森や丘、心の緩むスポットが密集していてわくわくし通しだよ。なるほど、旅人が多いのもうなずける。

そうこうしているとあっという間に夜の8時。ネット検索で目星をつけていた、街の中心にある「レモングラス・サウナ」を目指す。ナイトマーケットの近くだから、両方楽しめて便利でしょ。

地図の通り、にぎやかなメインストリートから脇道に入ると、瞬時に真っ暗闇になった。どこぞの淋しい田舎みたい。

そんな中、ボワンと浮かび上がるレモン色の看板が、味のある木造の建物についている。吸い寄せられる〜。たとえここの存在を知らなかったとしても、見れば入った気がするな。

扉を開けてみると、20畳くらいの板の間のワンフロア。真ん中がカーテンで緩く仕切られ、奥半分が薬草サウナ、手前半分がマッサージ用に使われている。ビエンチャンよりマッサージ部分が主張してるということは、サウナをしないでマッサージだけ受けに来る人も多いのかな？　外国人観光客もそれなら立ち寄りやすいしね。

ところで、受付のまわりに、怪しい粉や牛乳などが見当たらない。振り返ってフロア全体も見てみたけど、体に塗りそうなブツはどこにもない。新たな組み合わせを教えてもらおうと思ったのになぁ。ここではみんな塗らないのかな？

ちらっと昼間にネットで見かけた、日本人の情報が蘇《よみがえ》る。「ラオスの人が隣でヨーグルトを塗っているのが飛んできてイヤだ」という内容だった。

もしかすると、外国人の多いこの街では、いろんなものを塗ることがあまり推奨されてないのかな。それか、自然のものを体中に塗るやり方自体が、ラオス人にも古風なやり方と受け止められていて、だんだんやられなくなってきているのかな？

とはいえ、薬草サウナでいろいろ塗るのはこの国の伝統でしょ。外国人が知っててやりたがるなんて、微笑ましくていいじゃない。勇気を出して、お店のお姉さんに聞いてみる。

「ヨーグルトを持ち込んでつけてもいいですか？」

「うん、いいわよ」

すんなりオーケー。な〜んだ、みんな結局やるんだな。ほっ。

いったん通りへ引き返し、キヨスクみたいななんでも屋さんで、プレーンヨーグルトを購入、５０００キープ（約75円）。意気揚々とサウナへ戻り、レンタルサロン込みの料金１万５０００キープ（約２２５円）を支払うと、こなれた振る舞いでサロンを受け取りサウナエリアへと進む。

ヨーグルトを顔に塗りたくる

まずはシャワー室が2つ、その脇には洗面台と鏡。すみにあるゴミ箱にはヨーグルトのパックが入ってる。やった！　やっぱりつけてもおかしくないみたい。

続いて窓が大きくてよく風の通るスペース。そこにはゴロンと横になれるリクライニングの深いイスが並び、前のテーブルにはハーブティーの入ったやかんとコップが。ビエンチャンでの中庭の役目を果たす休憩場所ね。

ただ、向こうと違って狭いから、男女は入り交じるしかなさそう。

仕方ないか。このときは、男性5人が寝そべりながら、わきあいあいとおしゃべりしてた。ヨーグルトなどはなんにもつけてない。

そのまま進むと、奥に2つの扉。向かって右が女性用で、左が男性用のサウナ。その隣に鍵付きのロッカーエリアが。ここも男女でひとつみたい。

でも、着替え用の個室が2つあるから大丈夫。これでこの施設のぐるりは見渡した。

どうやら女性はわたしだけらしい。

さぁ、サロンに着替えよう。ヨーグルトはどこで塗ろうかな。

休憩所を挟んで向こうにある鏡を使いたいけど、地元人男性ノーマルフェイス5人の前を、外国人女性ヨーグルトフェイスひとりで歩くのはちょっと勇気がいるな。サウナ内へ持ち込んでみようかな。

サウナの扉に手をかける。おっと、想像以上に薄くて軽い。中に入ると、ん？　なんかぬるい。ぬるいし、ハーブの香りがうすい。40度くらいだよね、これ。

まぁ、それなら日本のスチームサウナでいうと一般的だけど、ビエンチャンのハードな熱さと同等を想定していたから、とってもぬるく感じられる。

とはいえ、ここではここのよさを満喫しましょ。ビエンチャンのサウナ内は熱すぎて、ペーストを持ち込んで塗りたくるのはつらそうだったけど、この温度ならヨーグルトを塗るのも簡単だ。それにマッサージより負荷のかかるストレッチもサウナでできそう。しかもひとりだもの、のびのびできてうれしいな。

さっそくヨーグルトのフタを開ける。うん、これに手をつっ込むのは初めてかも。わくわくするなぁ、エイッ！　ひや～っとしてきもちいい、やわらかく指にまとわりつく感じがたまらない。はまりそう～。

すくってほっぺにつけてみる。鏡はないから、そんな己の顔を想像してる。はい、バカ殿です。前日ビエンチャンのサウナで、強面に念じた呪い（？）が自分に跳ね返ってきた。

10分くらいたったかな。肌の黒いスレンダー美人が登場。あらら、こっちを見る目がまん丸……そりゃそうだよね、わたし今、バカ殿だもの。

「ハロー！　ビエンチャンのサウナ行ったことある？　みんな顔に塗ってたよ」

挨拶もそこそこに、さっさと言い訳。彼女、にや～。

「ハロー。そうなのね、どんな感じ？」

「うん、なんかきもちいい。すっごく効くらしいよ、一緒にいかが？」

「やめとくね、ありがとう」

瞬時に断られた（笑）。

でも実は、もうひとつオススメ品がある。バンコクで買ったココナッツのマッサージオイル。ココナッツは髪もお肌もしっとり潤してくれるから大好きで、あわよくばサウナでも使おうと持ってきていた。

ちなみに、オイルを買ったのは、バンコクにあるイギリスのドラッグストアチェーンの「Boots」。路面店もあるし、デパートにも入っている。このお店の自社製品がなかなかいいんだ。ヘア&ボディケア、化粧品など、トロピカルフルーツを使って作られているものが多く、選ぶのもわくわくしちゃう。しかも、タイで生産しているらしく、バンコクだとお安く手に入るからうれしい。パッケージもかわいいよ。なので、バンコクのお土産用によくオススメしてます。個人的には、フルーツ系のボディスクラブがお気に入り。200グラムで100バーツ（約380円）ほどの価格帯って、ちょっといいでしょ。

そんなうんちくをカタコトながら話しだすと、美女ったらとっても喜んでくれて！これからバンコクを訪れるらしく、Bootsで買い物しようと張り切ってくれた。

「わたし、オーストラリアではデパートの美容部員をしてるのよ。美容アイテム知りたかったの」

話のツボが合ってるみたい、よかった〜。和やかなサウナタイムだこと。

サウナでゲイカップルに遭遇

しばらくすると美女とともにサウナを出て、それぞれシャワーで体を冷やす。もちろんわたしは、ヨーグルトをしっかり洗い流してね。そしてイスの並ぶ休憩スペースで合流。

おっと〜、イスに集結してるおっちゃんたちの顔がゆるゆるだ。ビエンチャンよりずっとわかりやすい反応（笑）。

「サバイディ〜、ハロー、ハウアーユー？」

くったくのない笑顔で、ラオス語とカタコト英語を使っていっぱい話しかけてくれる。ほのぼの〜。そして、やかんのハーブティーを飲め飲めと強力に勧めてくれた。

そういえば……ビエンチャンのサウナは、休憩所が男女でゆるく分かれていたし、そもそもみんな顔にいろいろ塗りたくっているから、話しかける気なんか起こらないのかもね。男性が女性エリアを見なかったのは、やっぱり、モラルより見た目の問題かな（笑）。

しばらくイスでくつろいで、また美女とサウナへ。美女はオイル、わたしはヨーグ

ルトをせっせと塗っていると、

「マッサージを予約したから行くね。メールアドレスをレセプションに置いとくから受け取って」

一緒にいたのは数十分だけど、淋しいなぁ。「裸の付き合い」効果って本当にあるみたい。

その後ひとりで休憩スペースのイスでくつろいでいると、サウナから若い男性2人組が出てきた。ピトッとくっついてて、仲良しさんね。そのままわたしの前を通り抜けると、ひとつのシャワー室へ入って行った。ひとつの……もう一方が空いていたって、仲良しなんだもの、そんなこともある……かぁ？

ともかく、わたしはヨーグルトを塗り塗り、サウナに出たり入ったりを繰り返す。で、仲良しメンズ組を見かけるときは、いつも2人でひとつのシャワー室。ちなみにピンクの壁の方。もう一方は青い壁なんだけどね。

ふ〜〜〜ん。

そういえば、ある男性が、過去に薬草サウナで詰め寄られたことがあると言っていた。あぁ、サウナに男性客の方が多い理由のひとつは、それもあるかな？

さらに思う。ゲイさんって、こういうとき便利でいいなぁ。男女のカップルだったら、一緒にサウナの部屋にも、シャワーにも入れないでしょ。でもゲイさんならＯＫ。あの、オーストラリア美女も、これを知ったらうらやむだろうな。

そんなこんなで2時間滞在。だいぶ汗をかき、ヨーグルトまみれになった。本当はビエンチャンで教えてもらったように、挽いた珈琲豆と混ぜたかったけど、それは今度のお楽しみ。ヨーグルト単体でもかなりしっとりしてて満足だ～。

さぁ、ナイトマーケットで油を売りつつ帰りましょ。夜の風はきもちいいな～……ふわっと風が体をとりまいたとき、異変を察知。自分、臭っ！　周囲のみなさんすいません。

宿に戻っても臭いは持続。しかも、ひとりなのをいいことに、ヨーグルト成分をお肌に浸透させるべく、部屋でのシャワータイムでも石けんを使わなかったから……ふふふふ。しっとりは実現したけど、自分、臭っ。

ラオスに滞在している間、5回薬草サウナを満喫した。その後、ベトナムに移動して、しばらく楽しんでから帰国。

あぁ恐いのは体重計！　いつも海外に出ると太るもの。ここでしか味わえない料理はなんでも味わっておこうと思うから。そして、今回も欲張っていたつもりだけど。なんと、2キロ減っていた、奇跡!?　いや理由はわかる、きっと薬草サウナの効果でしょ。ラオスの前後に訪れたタイとベトナムでそれぞれ1キロは増えてるはずだから、ラオスでマイナス4キロなんじゃないかな？

お肌の調子は帰国後もすこぶるよくって、つるつるもっちりだいぶ持続。それにちょっとだけ小顔になったみたい。友だちに言われたもの（笑）。これも絶対薬草サウナ効果だとしか思えない！
すごいよ、ラオスの薬草サウナ。絶賛の熱は時がたっても下がることがないんだ。惚れすぎのため、半年に1回は通えるようにしたいなぁと、本気モードで思案中であります。

ハーバルサウナ（Herbal Sauna）
Chao Anou Rd. 沿いの路地を入るところに看板があります。

レモングラス・サウナ＆トラディショナルマッサージ（Lemongrass Sauna & Traditional Massage）
Sisavangvong Road, Luang Prabang

Beauty World Trip 3

シンガポール

脳のマッサージ「シロダーラ」で昇天しまくり。ちょっと怪しい油まみれの世界

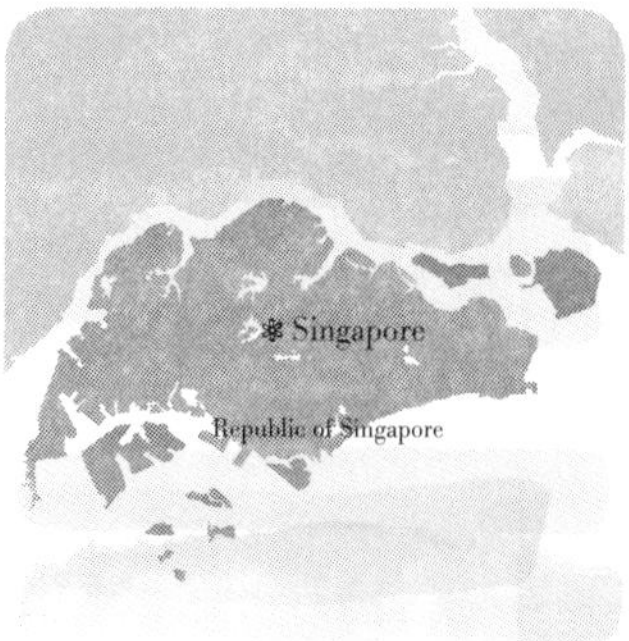

アーユルヴェーダのひとつ「シロダーラ」

「アーユルヴェーダ」と聞くと、ちょっと怪しげなシーンが頭に浮かぶ人も多いのでは？

ベッドに仰向けで横たわるインド美女。美女の頭の上には吊るされた桶。桶からはなにやら液体が細くツーツーとしたたり落ちていて、彼女のデコにランディング。液体はそのままデコと頭全体を包み込み、見るからにネトネトネト……ちょっとちょっと、お嬢さん、そんなことさせてていいの？　ていうか何そのうっとり顔⁉　Mだよね、絶対Mだよね、怪しさ満載すぎて色気すら見て取れるよ、あぁもしや密教の修行中ですかね、的に謎のベールに包まれているシーン。

それは確かに、「アーユルヴェーダ」なるインドの伝統医学の施術のひとつで、「シロダーラ」と呼ばれている。一体なんでこんな謎めいたことを？　調べると、「脳のマッサージ」と書かれていることが多いんだよね。

はぁ？

余計に謎が深まるってば。やっぱり密教なんじゃない？　怪しさ倍増で、聞かなかったことにしたくなる。うん、これは試さないと。なにがわたしの脳みそをマッサージするのか、検証しようじゃないの。

そもそもアーユルヴェーダは、自然豊かな南インドのケララ州で、なんと5000年も前に生まれたという。すごい歴史の深さだこと。そして今に至るまでずっと、研究され発展を続け、それに基づいた思考法、食事、身の回り品、エステなど、人の生活の隅々に浸透する存在となっている。とくに、発祥の地ケララ州を含む南インドやスリランカでの影響力は絶大だ。

ケララ州へはもちろん行った。シロダーラも受けたし、アーユルヴェーダ自体の影響もどっぷり受けた。

でも、シロダーラバージンを捧げたのはシンガポールだったよ。

あの国のインド人移住者の多さは有名だけど、その多くはケララの東隣、タミルナードゥ州出身の人たちだから、アーユルヴェーダ文化もばっちり根付いているんだ。

そんなシンガポールに、アーユルヴェーダを意識してから、たまたまケララより先に行く機会があったので、もちろんチャレンジしたというわけ。

　ある冬の日、シンガポールへと向かった。寒い時期に赤道直下の国へ行く快感って大きい。相当しめしめ感がある。ムンッとするあっつい夜に到着し、涼しくなるのを感じる間もなく、朝にはギラギラ絶好調の太陽とご対面。さあ、リトルインディア（＝インド人街）へ行こうっと。

　シロダーラを受けるサロンを探しつつ、商店街を冷やかし歩く。マーケットもホーカー（クリーンな屋台街）も、怪しげなお土産屋さんや、キッチュな雑貨屋さん、あっつい空気に絡みつくスパイスの香りや、鮮やかなサリーに身を包むおかあさん、やたら陽気な子供まで、なんかもう全部が全部、笑えるくらいインドだ。もちろん、みんなの心の支え、ヒンズー寺院だってある。色に神が宿るとされる南インドらしい、とってもカラフルな装飾の建物で、見ていてとっても楽しい。

　ここまでインドなら、アーユルヴェーダにも期待ができる。実際、サロンはわりとあるから、どこに行ったらいいか迷うくらいだ。

　そうこうしていると、あっという間に約束時間に。在住の親友とランチをするのだ。中心部のオーチャードにあるカフェで落ち合った。

「さっきリトルインディアに行ってたんだ〜、アーユルヴェーダのサロンを探しててね」

「あれ、もう行ってきたの？　やっぱりとまちゃんは風だね〜」

「あ、バレた？」

「そりゃもう。全身がそう言ってるよ」

謎でしょ、この会話。これはアーユルヴェーダの考え方のひとつ、ドーシャ（生命エネルギー）のことを話題にしてる。

シンガポールでは、日本よりずっとアーユルヴェーダが浸透しているし、彼女自身の興味もあって、ドーシャのことも知っているみたい。わたしが「バレた？」と言ったのは、以前、初対面のアーユルヴェーダのマッサージ師さんに、

「とまこさんは風だね」

と、サラッと言われたことがあるから。無駄にかっこいい響きで笑えるでしょ。

奄美大島で出会ったマッサージ師

シンガポールへ行く1ヵ月前のこと。

安い航空券が手に入ったから奄美大島へ行った。そのときお世話になった、古仁屋《こにや》にある昭和荘にいた若い男性が、風発言をしたマッサージ師さん。

アーユルヴェーダの考えでは、人は「水（カパ）・火（ピッタ）・風（ヴァータ）」という3つのドーシャで構成されているそうな。人それぞれ、ドーシャのバランスはまるで違って、どれに重点があるか、バランス具合はどうかで、だいたいの性質や体

質をつかむそう。

すごく簡単に言うと、「水」は穏やかでがまん強く、ぽっちゃりしたイメージで、「火」は情熱的で野心家、筋肉質なイメージだって。

「なんでわたしは風？」

「え、そりゃあ、話聞いてると風に乗ってどこかへ行っちゃうイメージしかないもん」

なるほど、そのまんまなんだね（笑）。

また、あきっぽくこだわらない性格、つきない話題、乾きがちな肌（うるさい）、細めの体型から、風のドーシャが強いと言っていた。

「性質に合わせてマッサージのやり方を決めるから、施術の前には必ず性質の問診をするよ」

「へぇ、マッサージの内容がひとりひとり違うってこと？」

「うん。ドーシャのバランスって同じ人でもそのときどきで変わるし、相手とのフィーリングもあるし、いつもアレンジだよ」

「すごい！　やるのもすごいし、めっちゃ効きそう」

「うん、効くよ～。アーユルヴェーダの基本は、生まれ持った心や体の個性そのものを、受け入れて活かすことだからね、それぞれに合わせるんだ」

「受け入れて活かす！　大人な考え方だね」

ちなみに、ドーシャのバランスを知るためには、普通は専用のチェックリストを使うらしい。そこには、性格や体質についての質問が並んでいるんだって。

例えば、「歯並びが悪い」「汗っかき」「執念深い」など、余計なお世話的な項目ばっかり（笑）。それらに、「あてはまる、ややあてはまる、どちらでもない、ややあてはまらない、あてはまらない」で答えていき、合計数によって、水・火・風の要素を何パーセントずつ持っているか判断するとのこと。ただ、プロは会って話せば、チェックシートを使わなくても、だいたい相手のバランスを理解できるそうな。

「それぞれに合うオイルの配合を決めるのは、おもしろいよ」

「オイル使うんだ。あ、北インドでオイルマッサージ受けたことあるなー、あれ、アーユルヴェーダだったのかな。施術の後、油ギトギトで町歩いたよ」

「あはは。たいへん」

「おかしいよね～。まぁいいの、牛がほっつき歩いてる埃《ほこり》まみれの町だから」

「そっか。それにしても、現地のオイル使いは贅沢なんだな～」

「ドバドバかけてた！」

「日本は高いしね。あ、全身のオイルマッサージは『アヴィアンガ』っていうよ」

「アヴィアンガ！　おもしろい響き」

「耳に残るでしょ」

「アーユルヴェーダのマッサージは必ずオイル使うの？」

「ううん、使わないのもあるよ。『マルママッサージ』っていう、ツボに似たポイントの施術なんかは使わないな。でも、アヴィアンガの依頼の方がずっと多いよ」

「お肌によさそうだもんね」

「うん、とっても。手業もそうだけど、オイルの質や内容はかなり大切なんだ」

　シンガポールの親友に、自分自身も「風」だと知っていた理由を、そんな感じで話した。

「そういう出会いがあると興味深まるよね。あ、じゃあ、パークロイヤルホテルのサロンは？　この前行ったとき、前日までケララから先生が指導に来てたって言ってたよ」

「本場の先生の監修ってこと？　すごい」

「うん、技術がぶれないように定期的に来るんだって」

「へぇ行きたいな。でも夜に予定あるからオイルまみれは困るな。明日にしようかな」

「あぁ、それは平気。観光客に合わせて肌に浸透する分しか使わないんだって。そのまま出歩けるよ」

「おぉ、さっすがホテルサロン。気遣いあるね〜、なら決めた」

パークロイヤルホテルのサロンへ

彼女と別れると、パークロイヤルホテルへと向かう。このホテルはシンガポールに何軒かあるけど、アラブストリート近くのビーチロードのところで、正式名称は「パークロイヤル・オン・ビーチロード」だ。

ロビーに入ると、一瞬ぬぐえぬアウェイ感が。だってシンガポールの四つ星ホテルはゴージャスなんだもの。わたしが泊まってるビジネスホテルとは、格差あるよ〜(笑)。

まぁでも、こういうときは、脳みそにセレブスイッチを入れるから大丈夫。

「いつものサロンにまたまた来たわ」と駐在員マダム（イメージ）のボタンを押したら、瞬間的に背筋が伸びた。しめしめ。

こなれた足取りで4階まで行き、「セント・グレゴリー」というサロンの扉を開けた。

「こんにちは、シロダーラできますか？」

「ラッキーですね。ちょうどキャンセルがあったから、すぐに受けていただけますよ」

「え、うれしい！　やっぱり予約必要でしたね。セラピストさんは何人いるのですか？」

「アーユルヴェーダの専門はひとりです。当店では、他に中国やバリのマッサージなども扱っておりまして、それぞれ専門の者が担当いたします」

またこれ、信頼度が高くていい。とくに、謎めくシロダーラは、本気の専門家でないと心配だ。

さっそく、チェックリストを受け取り、フロント脇のふかふかソファに座って書き込む。英語だから適当ね。きっとセラピストさんは、会えばわたしの性質をわかってくれると信じてるんだ。

しばらくすると奥から女性が迎えに来てくれた。肌は浅黒く、目鼻が丸い。いかにも南インドのドラヴィダ人的なお顔立ちだ。

通されたのは、6畳ほどの個室で、真ん中にはベッド、奥に洗面台とバスルームがある。さすがセレブなホテルのサロンだなぁ、全ての設備に高級感がある。

ところで、ここのベッドはなにやら特殊。適度にクッションが利いていそうな施術台は普通だけど、その頭部分の上方に木の台が置かれている。しかも上には、天井から吊られた木製の桶。そう、桶が吊るされている！　絶対コントだ。頭にがーんと落ちてくるに決まってる！　いやいや、シロダーラの桶だってば。わかっていても、つっ込みたくなる違和感っぷり。

「裸になって、コレをはいてください」

あ、よくエステなどで渡される紙パンツかな。ブルマーみたいな紺色の。

なぜかうきうきして受け取ると、白かった。

セラピストさんが部屋を出ると、紙パンツを広げる。……あ、がばがばのおむつ。白ってリアルすぎるでしょ、なんであえての白、ある意味素直！　妙に笑えるので記念撮影をしておくことにする。

紙おむつ一丁になってガウンを羽織り待っていると、扉の向こうでトントントン。セラピストさんが戻ってきた。

「仰向けで寝てください。アヴィアンガから始めますね」

ガウンを脱ぎ裸になると、ベッドにごろん。施術していない部分は、布をかけて隠してくれるからご安心を。

施術はヘッドマッサージから始まった。あ〜きもちいい。

「どちらからいらしたのですか？」

「インドのケララ州です」

あぁ、落ち着く声とリズム感。もともとゆっくりとした、吐息まじりの話し方だけど、施術中はまた一段と安らぐように声を出してくれるんだな。

「そうですか、本場の技ですね」

「はい、ケララでもアーユルヴェーダのセラピストをしていました」

その上、定期的に専門のドクターが指導に来るのだから、間違いないね。

それにしてもきもちいい。オイルを手に取って、いったん頭皮全体に揉み込む。続いて指の腹にぐっと力を込め、つむじから放射線状に揉みほぐす。そんな工程が、手に取るようにわかるから不思議だな。まるで自分の脇に立って観察しているみたいだよ。

もしかして、頭のマッサージで、脳が瞬時に覚醒してる？

「はい、うつぶせになってください」

今度は肩。熱したオイルを手に取って揉みほぐす……あっつ！　あついよあついってば、それに強力！

「こってませんね」

ってそれかい（笑）。なのにこのスパルタ度。「老廃物は全部焼き払うよ！」という意気込みが聞こえてきそうなほどだ。

「より楽になりますからね」

なるほどねぇ。そして、これだけのパワーを手先に発揮しながらも、口ではとびっきりのウイスパーボイス。ギャップ萌え作戦か。

「強さは平気ですか？」

「つ、強いかも……そして熱いです」

「そうですか、痛い？」

「痛くはないな……」

「よかった」

ふんわり答えて、そのまま続行。そのままかい（笑）！

まぁ、熱さも強さも、今日のわたしへのレシピなんだよね、きっと……がんばるか。

「アーユルヴェーダはリラクゼーションではないのですよ。治療です。体の悪い部分を見極めて治しているところですから」

急に熱い気がしなくなった。わたし、素直か。

「ちなみに、アヴィアンガという言葉には、〝愛のこもった滑《すべ》らかな手〟という意味があります」

すてきだな〜。さらに強い気もしなくなったような。

続いて足へ。下から上へ、そして下に戻る。オイルで滑らせながら、ぐるぐると丁寧に円を描きつつ圧力をかける。そして足裏、腰。

腰骨のすぐ上辺りに手が回ると、ボッ。一気に体が火照った。さっきまでも、だいぶ活発に血が体を巡っているのを感じていたけど、ここでさらに一段体温が上がった。そういえば、カイロはいつも腰に貼るよ。とたんに体中が温まる気がするから。なるほど、そういうことか。

背中と腕を終えると、仰向けになって同じように揉んでもらう。フィニッシュはおなか。腸の辺りをぐりぐりぐりぐりー！　お手洗い行きたくなるよ（笑）。

ちなみに、本場インドでは、２人のセラピストが左右対象に施術するのが主流らしい。

シロダーラで昇天

続いて、大きなてるてる坊主を逆さまにしたようなものを用意してくれた。タイで見るハーバルボールとよく似てる。

「なんですか、それ」

「キリです。ハーブやお米を包んでいます。温めて全身にあてますね」

「お肌によさそう～」

「はい、すべすべになりますよ。中のエキスがお肌に染み込んで、新陳代謝が上がるのです」

さっそく開始……痛あっっ！　またか、まただよ～（涙）。

タイでやったことのあるハーバルボールは、完璧に癒しでしかなかったのに。キリを肌に押しつけるグリグリ感が、ちょっといじめられてるみたい（笑）。

けど、だんだんここちよく感じられてくるし、はぁぁ芳しい香りにも包まれるし、すてきな気分でもあるような。まぁ、ソフトSMとでも思っておくか。

さぁ、最後はいよいよ、シロダーラ。

「シロダーラって、なんなんでしょうね……」

「脳のマッサージとよく言われますよね」

出た、わからないフレーズ。

「深～くリラックスして、悩みがどこかへ消えてしまいます」

「悩み……特別ないですねぇ」

「気づかない悩みや迷いは、心の底にたまっているものです。脳も心もクリアになって活性化するから、とっても元気になるし、結果お肌にもいい影響がありますよ」

「そうなんですね、頭に何かをかけるだけでねぇ」

「眉間《みけん》にオイルをたらすのです。第六チャクラがあるところね」

チャクラは、体や精神を司《つかさど》るエネルギーの出入り口とされる大切なポイントで、脳天から脊髄の下までの体の中心に7つあるそうな。

これは、アジアをうろついたり、ヨガを習ったり、スピリチュアル属性の人と話をすると、なにかの拍子で耳に入ってくる情報だ。

「第六チャクラって、シヴァ神のおでこにもある、第三の目と一緒ですか？」

「はい、それです。第六チャクラが開くと、知恵も直感も研ぎ澄まされます。脳みそが整理整頓されますよ」

「わ、かしこくなりたい」

「なるといいですね……」

そこは、なるって言ってよ（笑）。

例の桶にオイルを入れて、わたしの頭上に合わせてセットする。桶はなかなかずっしりしている感じで落ちてきたら痛そう。どうかコントはやめてね。

「なんのオイルですか？」

「ゴマです」

ん、まさか!?

それってアレ？　エビチリや麻婆豆腐なんかにかかせない、食欲そそるゴマ油？

そんなたっぷりってニオイきつそうだし、なにより料理の具材になる気分！

あぁそうか、素揚げにして食べるつもりか、中華味なら世界のみんなが好きだしね。

いやいやわたしなんて、ぺちゃぱいだから食べてもおいしくないってば。ほおらもう、いろいろ混乱……いったん、落ち着こう。

「ゴマ油って、中華料理で使う、あれ？」

「あ、違いますよ。透明でしょう、焙煎していないんです。生のまま圧搾しています」

そう言って、桶に入れているのと同じオイルを見せてくれた。ほんとだ。いつも料理に使っている茶色くて香ばしいのとは違う。

ということで、アーユルヴェーダで自分が中華味になることはない。

「では、始めますね……」

頭上にぶら下がった桶の中心から、人肌ほどの温かいオイルが眉間に、ツーーーッ。

あ、イイ。

オイルがちょっとの重力を伴って額にしたたり落ちてきた瞬間、するんっと、眉間の奥に入り込んでいった気がした。

実際は、額からオイルが頭の方に流れ落ちて包み込んでいく……滑らかでたまらない〜。気分がどんどんとろけてく。じっくり、じっくり、オイルの抱擁に意識を向け味わっていると、あれ、オイルが脳みそに浸透してきた？

この感覚、初めて明治のチョコレート「メルティーキッス」を食べたときの、あの得も言われぬ幸せ感と似ているわ。

ひとくちサイズの四角いそれを、やさしくつまんで、真ん中からかんでみる。柔らかくって滑らか〜。チョコは舌の上にトロンと横たわり、絡みつき、絡みつき、甘い香りがふわんと鼻にぬけ……ニヤリ。まったりとした液体に姿を変え、わたしの体の奥の方へと、ゆっくり染み込み一体化……ってなんやねん。

言ってて恥ずかしいけど、仕方ないよ。実際、抗《あらが》えない快感に支配されてる感覚なんだ。じゃあ日本で「メルティーキッス」を食べればいいじゃんとか、言わないで！

話はシンガポールのセレブリティサロンの一室に戻り。うん、いい、落ち着く。どんどん安心感が募ってく。なにかに心をすっかり許し、喜んで身を投げ出している感覚……なにかって何？　あぁ、自分自身？

あれれ、足先指先、体のすみずみから幸せ成分みたいのがポコポコわき出して、脳みそに回収されていくよ。成分は増えたのに、脳みそ軽いよ、すっからかんになっちゃった？　はぁぁ、お花畑を足裏3センチ浮きでスキップしてるようなメルヘン気分。

もうなんでもいい、とにかくきもちいい、とっくに、とろんとろんのトリコなのよ。

ふと、今わたしが味わっていることを、客観的に想像してみようと思った。思考の矛先を現実に向けるべく、あえて心の焦点を自分から切り離そうとする。と、なんか来た！　すんごいきもちいい波が押し寄せて〜、飲み込ま……。

昇天。

脳みそは、お花畑から、宇宙にすっ飛んだのでありました。あろうことか、とある都会の一角で、油にまみれて大トリップ！　マダムスイッチ入れたはずだったのに、違うの押しちゃったかな！

脳のマッサージで、瞑想状態？

「オーケー、フィニッシュ」

とんとん。やさしく肩をたたかれる。

パチッ。あれれ、眠ってた感覚はないのに、なんだ？　訳わかんない状態なのに、ゆったりしてるのもなんだ？

深呼吸して、自分を感じてみる。あ、心が滑らか。芯が光ってる気がするんだけど。なにかが削《そ》ぎ落とされて、磨かれたような……。

「ありがとう〜」

セラピストさんは、にっこりとうなずいた。

シャワーを浴びながら振り返る。

自分自身に心を許した感覚を皮切りに、新たな感覚が引き出された気がするなぁ。

そして宇宙に行ったあと、脳みそが停止してた。

眠るというか、停止に近い。スイッチオフ。なんにも意識をすくわれず、脳がただただ脳として存在している感じだった。ただ、ホテルの重厚な建物の外の、降りしきるスコールの雨音だけを知っていた。意識の向こうの向こうの方で、ここちよくリズムを奏でていることだけを感じてた。

あの感じは、瞑想状態に似ているのかもしれない？　日本のヨガのレッスンの最後に瞑想の時間があったけど、できた実感なんて持ったことがなかった。どうしたって脳みそから思考を取り除くことができなくて。瞑想の先にあるらしい幸福感とやらも想像すらつかなかった。

やっと少しだけ瞑想状態を感じることができたのかな。無になったあとは、すごくすっきり落ち着くのね。なるほどこれって、脳のマッサージかも……。

うっとりぼんやりしながら、シャワーでオイルを流しつつ、ぼそっ。

「むっちゃしあわせ……」

アヴィアンガも、キリも、シロダーラも、効いた感がはんぱない。

とくにオイルが全身によく浸透しているのはよくわかる。お肌がしっとり滑らかで無駄に触りたくなっちゃうよ。髪のつややかさも顕著で、カラーリングで傷めつけられた一本一本が生き生きしてて感動もの。心はすっきりしていてキラキラ感の主張も強く、あ〜とっても前向きな気分。

うん、なんて価値のある200シンガポールドル（約1万6000円）！　文字にすると高いけど、安い。安くないけど、やっぱり安い！

ちなみに帰りは、待ち合わせ場所まで、小一時間歩いて向かった。まるでひゅんっとワープしたかのような、軽快な身のこなし。あっという間だったよ。

翌朝、もうひとつうれしい出来事が。あの力強い腸揉みのおかげだと思う、お通じのスッキリ度に感謝しまくりだった。

インドでのアーユルヴェーダ体験

その後、2回ケララへ行って、何度かアヴィアンガとシロダーラを受けてきた。

そのたび、シロダーラから得る感覚の種類や、感度の深さは多少違った。

体験した人に聞いてみると、満足していた人も多いけど、「なんにも感じなかったよー、まぁいい経験だよね」と言う人もいた。

その人のそのときの状態、セラピストさんとのフィーリングなどで、それぞれ受け取り方は違うみたい。

また、施設について新たにわかったのは、ゴージャス感やリラックスムードのない、主に地元の人が通う、治療院タイプのところもたくさんあるということ。接骨院でも、エステでも、マッサージをしてくれるのと同じ感覚かな。

たいてい照明の暗い小部屋で、すみにはシャワー室、真ん中には、木のベッド。その上にはシロダーラの桶。

ていうか、ベッドは木製なんだよ。硬そうでしょ、ずいぶん「臥薪嘗胆《がしんしょうたん》」風でしょ。きもちよくなる第一歩は、快適な寝ころび感からだと思っていたからびっくり。

「なんで、このベッドは木なの？」

「アーユルヴェーダは究極の自然医療ですから」

おぉ、すごく説得力がある。

「オイルが染み込んでいるでしょう。使えば使うほど、風格が増しますね」

確かに！　急にアーユルヴェーダっぽい見た目に思えてきた。

「たくさんのオイルを使うから、こぼれたオイルを集めるのにもちょうどいいです」

そう、インドではやっぱり、どんなに洗い流しても、翌々日までヌルンとするほど、大量のオイルを使っていた。

時間をかけてお肌に浸透する感じがしてうれしいし、なんでもありのインドだから、まぁ、多少ギットリしながら歩いていてもいいじゃない。

個人的には、無骨な治療院タイプがより好きだ。気分の問題かもしれないけど、より効く気がするから。それになんといっても、白ふん体験できるんだもの！

ふふふ。「白いふんどし」だよ。エステでくれる紙パンツの代わりに、そんな希有《けう》なもの、巻いちゃうんだよ、想像もしたことないでしょう、ちょっとした屈辱感すらあるんだから。なんのプレイだよ！

どの治療院でもそうとは限らないだろうけど、確率は高い。もしもそんなチャンスに恵まれたなら、大いに楽しんでいただきたいと思います。

白ふん体験もできるオススメの治療院をここに書けたら最高だけど、残念ながら、わたしがグッときたところは、翌月再訪すると閉店していた。なんともインドらしい。

まぁ、南インドの治療院に興味を抱く人なら、きっと現地で見つけることができるでしょう！

セント・グレゴリー（St. Gregory）
Pan Pacific Orchard, Singapore 10 Claymore Road, Level 4
http://www.stgregoryspa.com/

Beauty World Trip 4

ベトナム

アオザイの似合う体型を目指して、謎めく「甘草スパ」で女磨き？

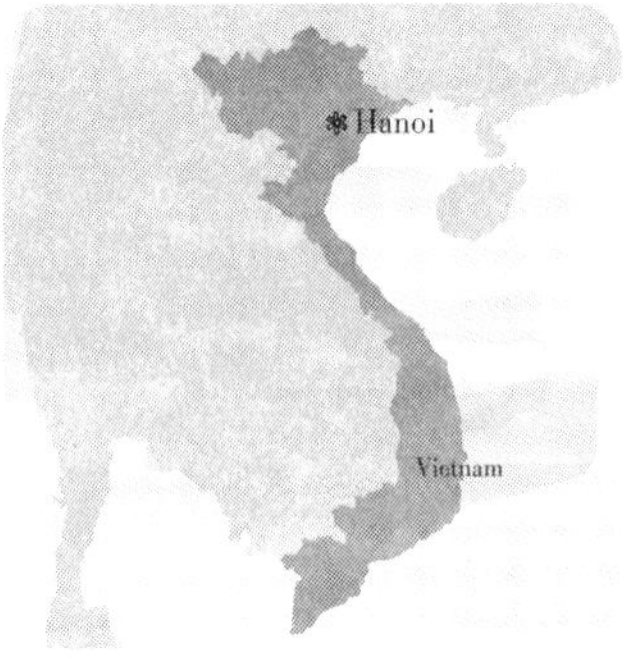

ベトナム航空のCAの制服

バンコクへ向かうべく、成田空港からベトナム航空の飛行機に乗り込む。わりとよくあるひとり旅だ。

まずは荷物を棚に上げてっと……フタがうまく閉まらない。中の何かがつっかえたかな？　力任せで中にぐいと押し込みあがいていると、すっと横から細い腕が伸びてきた。にっこりおしとやかな微笑みを浮かべるCAさんだ。重なった荷物をさっとスライドし、パタンッ。すんなり閉めてくれた。

「ありがとう」

「どういたしまして、お座席にどうぞ」

鼻から抜けるようなアンニュイな声でそう言うと、くるり背を向け、他の乗客のもとへと去って行った。

ふわんっ。深いスリットの入ったアオザイの上着がゆれる。

ドッキー！　腰の肌色、チラ見しちゃったよぅ。あぁベトナム航空、制服がアオザイとはなんたることか。

アオザイは、言わずと知れたベトナムの民族衣装。

ボディラインぴったりのチャイナドレスのようなワンピースの両脇には、腰辺りまでの深いスリットが入っていて、中にはいたキュロットのようにひらひらしたパンツのウエスト部分との間から、お肌が見える仕組みになっている。

ＣＡさん用だからか、素材は厚手だったけど、現地の女性たちはブラジャーすけすけの薄い布のものを着ていることが多い。そんなのが民族衣装だなんて、色っぽいお国柄だこと。

しかも、それが高校生の制服だったりもするからすごい。太れないし、腰肌までつるつるじゃないと着るの厳しいよ。思春期ってぱんぱんに太ったり、お肌管理もなにかと失敗するものでしょ、ハードル高いな。

それでもあえての制服指定ということは、みんながアオザイを着こなせる、というナチュラルな自信がベトナム女性にあるのではないか。って、それは言いすぎかな。たんに民族衣装だから、着こなせなくても気にしないのかな。

でも実際、様になっている人しか見たことないよ。まぁ似合っている人しか印象に残っていない、というのが現実かもしれないけど。

なんにしろ、あの色気ムンムン着を民族衣装として、リアルな日常で着続けるベトナムの女性は、意識高すぎやしませんか！　脈々と受け継がれるその気概を、ぜひとも感じてあやかりたい。

バンコクに到着すると、日本にいる親友・弓月にＬＩＮＥした。

「ＣＡさん、アオザイだったよ！　やられちゃったよー」

「すごいよね、アオザイの色気」

「やばすぎる！　ベトナム人華奢《きやしや》だし、アオザイ似合うよね〜」

「アオザイ体型すてき」

「ほんと、キープするマッサージとかあるのかな……やりたい！」

「うん、なんか探して行ってみよ」

この約１ヵ月後、ベトナムのハノイで弓月と落ち合う予定なのだ。とくに内容を決めてはいなかったけど、コレで決まり。２人で女磨き、楽しみだな〜。

そんなわけで１ヵ月間、ひとりでタイとラオスをうろついた。そのとき出会った「腸内洗浄」と「薬草サウナ」のエピソードはこれまで書いた通り。

そしていよいよ、ラオスのルアンパバーンからハノイへと向かう。

ハノイのぼったくりタクシー

ルアンパバーンからの移動手段は寝台バス。バックパッカーと地元の人たちで、ぎゅうぎゅう詰めになっての山越え26時間の行程だ。

と聞くと、きつそうでしょ。ところがわたしは大好きなんだ、寝台バスが。なんてったって、車窓の風景がすばらしすぎるから。

なんにもない荒野と星空、山の上で迎える朝日と雲海、豆粒級に小さな村の子供たちの登校風景、ただただ続く永遠の田んぼ……そんな情景を、イヤホンで音楽聴きながら、ひとり窓に張りついて浸るなんて、贅沢すぎるでしょ。

さて、ハノイのバスターミナルに到着。時間は夜の8時、辺りはすっかり真っ暗だった。

バスを降りると、地元の人はピャーッとどこかへ消えて行き、外国人も、それぞれ交通手段を確保していたらしく、あっという間に散って行った。

気づいたときには、ひとり暗闇にぽつねん。ここ、どこよ。

辺りに街の灯《あか》りはないから、ハノイの郊外なのはわかるけど。どうすんの。ガイドブックも地図も持っていないんだ。なんでって？　街の中心にさえ行けば、あとはなんとでもなるし、それくらい簡単にできると思っていたからね……。

そのとき、向こうから一台のタクシーが。

「助かったー！」

天から救いの手が差し伸べられたとしか思えない。

「ハロー」

中からイケメンが出てきた。ほうらイケメンとはね、やっぱり神からの贈り物なんだから。

彼に、目星をつけていたゲストハウスの住所を見せる。予約はしていないけど、ノートに控えてはいたのだ。

イケメンはオーケーとうなずくと、わたしの大きなバックパックをタクシーに運び入れる。男はいいなぁ、重いのにひょいっと持ち上げてくれるから。さあ、車に乗り込み、レッツゴー。

「ジャパン？」

「そうだよ」

BGMは気分のいいヒップホップだし、彼は始終にこやかに「ビューティホー、ビューティホー」と言ってくれるし、なんだか急に心がゆるんだ。

と、思ったのも束の間、なにそのメーター！

ぐんぐんぐんぐん上がっとるやん！

とはいえ、ベトナムに入国したばっかりだから、ゼロの多いベトナムドンの表示がよく理解できていないだけかも。とりあえず宿に着いてから考えよう。

宿の前に到着すると、ゼロだらけの数字を、ドルに換算してもらう。おぉ、びっくり25ドル。ハノイのタクシーでたかが20分、そりゃないよ。高く見積もって6、7ドルくらいでしょ、たぶんだけどね。そしたら払ったとしても、チッププラス、ちょっとだまされてあげようかな分を加算して、マックス10ドルだな。

差額は15ドル。日本円に換算すれば、たいした額ではないけど、でもだめなんだ。

前日まで過ごしていたラオスは、純粋無垢的に善良な市民ばっかりだったから、「こんな悪党がいるなんて！」という、びっくり感が際立って仕方ないのだ。

しかも、入国したての土地勘、物価感覚のない外国人をカモるとは、芸がなさすぎでしょう。車中で「ビューティホー」と言われて和んでしまった自分もあほっぽくていやだし。

とにかく「さすが悪党さん！　してやられました」的な鮮やかな手口なわけでもなく、絶対に払う価値がない。

ただ、ひとりで文句を言って、何かされても恐いから、宿の人をここに連れてこなきゃ。

「ちょっと待っててくれる？　バックパックが重いから宿の人を呼んでくるね、そしたら払うから」

いろんな機材の入った荷物の方が、相手にとっても25ドル以上の価値があることはわかっているので、そのまま消えられないよう、めっちゃにこやかに、キャピッとお願いする。

そして、日本語の話せるベトナム人オーナーさんに会うと、出来事を簡単に説明し、一緒にドライバーのもとへ。

オーナーさんからベトナム語で、料金に納得いかない旨を話してもらうと、まぁ当然だけど、

「25ドルの距離だ」だってさ。よく言うよ。

オーナーさんも、証拠がないから、説得力のあることは言えない。でもね、彼の力は偉大なんだ。わたしはすでに味方と信じ込んでいて、隣にいてくれるだけで心強いのだから。急に極道の女スイッチが入る。

「だますなボケ！　そんな高いはずないんだよ、悪いイケメンだな！」

こういうときは、日本語に限る。

どうせ意味なんて通じないから、本音出ちゃうけど気にしない。ドスの利いた野太い声と、さっきのキャピ感とは真逆の、すごんだ目線と冷徹な口元が肝心だ。

ぷいっと背を向けて車のドアを開け、バックパックを外に出す。イケメンがキッとにらんでギャーピーわめくから、「ひゃっ」と心の中で叫んだけど、オーナーさんが間に立ちふさがって何か言ってくれているから、強気を取り戻すんだ。

そして、ありったけの軽蔑を瞳に込めてにらみつけ、いまだわめくヤツに渾身の力を込めた低音ボイスで言ってやった。

「悪党はだまんな！」

あぁスカッとするぅ。前にジムでサンドバッグを蹴ったときと似た気分だよ（笑）。

あとはオーナーさんに任せて、ときおり日本語で呪いの合いの手を入れ……いやこれ邪魔だったかもだけど……そんなことが5分ほど続いた後、イケメンは「チッ！」とマンガのようにわかりやすく舌打ちをして、わたしの手からバッと10ドルをもぎ取って走り去って行った。

ふふふ、ベトナムを手玉に取った気がして、一気にここが好きになる。

女2人でスパに繰り出す

さて、翌日の夜には弓月と合流。うれしかったな～、本当にうれしかった。だって今日からは2人旅。

いや、ひとり旅は楽しいよ！　ひとりだと、勝手気ままだから、より行動的に突っ走れる。遠慮がないので、感情がふくれあがるに任せて陶酔しきれる、それがたまらなく好きなんだ。夕焼けや朝焼けなど、自然のタイミングに任せるときは、とくにそう。

同時にね……淋しいんだよ、ひとりのときはいつだって。あ～なんて矛盾。

そんなわけで、遅い時間に到着する弓月の夜食用に、チャーシューやら、春巻きやら、つくねやら、それに山盛りのフォーも。しめて9万ドン（約400円）分をビニール袋でテイクアウトして待ち構えていたんだ。一食3万ドン（約140円）ほどでおいしいフォーが食べられる相場なんだけど……多すぎでしょう（笑）。

さて、女2人のハノイは、カフェでお茶して、屋台スイーツをわんさと頼んで、キッチュでかわいい一点ものをお互いに選び合い、絵になるシーン満載な街で写真を撮りっこして。やることがつきない。

そんな折にいいもの発見！「Enchanteur」という香水メーカーだ。

他に、シャンプーやヘアパック、石けんなどシャワー周りのものも売ってるのだけど、どれも、香りがパリジェンヌ。って、おおざっぱな言い方だな（笑）。

でもいろんな香り全てに共通するイメージがソレ。柔らかくも大人っぽい雰囲気なんだ。製品自体の質もよく、髪はつやっつやのしっとりになるし、香りは続くし、気に入った！お土産にもいいと思う。石けんだと、1個1万2000ドン（約55円）くらいとお手頃なお値段だし、ちょっと控えめに描かれたレトロなバラのパッケージもかわいいから、きっと喜ばれること間違いなし。わたしは香りにはまり、自分用にもたくさん買って、ほくほくしてた。

さぁ、夜はマッサージを受けに行くよ。アオザイ体型の秘訣がわかるといいなー。部屋に戻って荷物を置いたら、旧市街の「フン・セン・ヘルスケアセンター」へ向かうんだ。

これは、2人でネット検索をして目をつけたスパで、ハーブのお風呂やマッサージのサービスがあるそうな。

地図を見ると、場所は有名なホワンキエム湖の北側だ。行き方は……タクシーを使うのが吉ですね。ハノイは広い、バイクだらけ、歩行者用の道も乏しく歩きづらい。すんなり目的を果たすためには文明の力を使うのが一番。

でも、わたしたちはカメラもおさんぽも大好きだから、おもしろいシーンに出会えるかもと期待して徒歩で向かった。うん、盛大に迷ったよね。旧市街は道がうねうね入り組んでわかりづらいんだ。

さんざん迷って「フン・セン・ヘルスケアセンター」に到着。

フロア中央にあるカウンターへ進むと、つんとした表情で業務をたんたんとこなすレディがメニュー表を指した。

「どのコースにしますか」

「あ、うん、じゃあこれ」

あんまり急に聞くんだもの、思わず一番上のを指差したよ。70分20万ドン（約1200円）の、ハーブ風呂とマッサージのコースだ。お金を払うと、

「女性は左です」

やけにきびきびと通達される。

言われた通り、左手にある階段を上ると、すぐに女性の更衣室があって、扉の前に

は緑のポロシャツを着たおばさまがいた。

「クツヌイデネ」

目があった。キランッ！

「はっ。目が光った！」

「お風呂の番人か？」

言われるように靴を脱いで棚に入れると、緑のおばさまはササッとバスタオルとロッカーの鍵をわたしたちに渡し、ロッカーを指し示す。

「アッチネ」

どんな作法で脱ぐべきかわからないから、周りの人をチラ見してみる。脱ぎかけているあちらの若い女性と、後から来たこちらのおばさまと。ちょっと観察させていただきますよ。

「みんな脱ぎっぷりいいね！」

「豪快！　隠さないんだね」

まぁ、自分も日本の銭湯ではいつもそうだけど。でもここはベトナム、裸を隠さないのはちょっと意外だった。

彼女らに倣って素っ裸になると、髪の毛を結わくゴムだけ腕に通してロッカーを閉める。オートロックで、鍵をかざすと開く仕組みだ。

すると、緑のおばさまがサッと隣に現れた。

「次、シャワーネ」

「急に来た……」

「番人じゃなくて、妖精だな……無愛想なおばさんだけど」

「コッチデスヨ」

しかも、シャワーの場所までわざわざ導いてくれるというのか。これまで、どの国でお風呂に行ったってそんなことはなかったよ。まるでネバーランドへと導くティンカーベルだな、おばさんのティンカーベル、おばティンク！

さて、おばティンクの後について浴場の扉をくぐる。

ひとり一桶の不思議な風呂場

10個ほどのシャワーブースが並んでいて、すでに数人の先客がいた。わたしたちも間に入り、備えつけの石けんを使って体を流す。

と、さっすがおばティンク。またも、洗い終わる直前に、無表情で声をかけてくれた。

「ツギハオフロ」

「よく見てるね。ひまなのかな」

「いや、仕事でしょ」

一個だとそそられて入りたくなるのに、並んだとたんになんかヘン。味噌樽か。

「そっか、職業ティンカーベルね」

そして連れて行かれたのは、不思議な浴場。なにが不思議かって……。

ひとり一桶。

そう、ここには、木でできた大人ひとりが入れるほどの大きな風呂桶が10個も整列しているのだ、みんなそこに頭を並べ、体をかがめて納まっているのだ、等身大の一寸法師がたくさんいるよ！　いや、それもうすでに一寸法師じゃないし。

「な、なごむ～」

シュールな光景にニヤニヤ止まらず、すでに心も体もほぐれた気がしてる。便利な仕掛けだ、ひとり一桶方式。

さぁ、整列する一桶にはまってみる。

「実際はまると、一寸法師より、モグラたたき気分だね」

「うんそうね、初体験だね、モグラの気持ち」

「絶対たたかれたくないね」

ところでこのお湯、エキゾチックな香りがする。すくってみると、うっすら黄緑色。そうだ、「ハーブ風呂」目当てで来たんだった。周りを見渡すと、やっぱりいるよ、おばティンク。目が合うとさっとこちらに来てくれたので、お湯を指して聞いてみた。

「お湯には何が入ってるの？」

「カンゾウ」

はてカンゾウ？　さっき一寸法師が頭に浮かんだ流れだと思うけど、頭の中は忍者でいっぱい。

「ハットリくんかな」

「なんでやねん」

ここまでの旅路は、ひとり心の中でノリツッコミばかりしていたから、くだらないやりとりがなおさらうれしい。2人旅って楽しいな〜。

「てゆうか甘草ね！　なるほど」

すると、おばティンクがカップを持ってきてくれた。

「コレハ、カンゾウチャ」

甘草は最も古い生薬で、7割もの漢方に配合されるそう。主な効能は活性酸素の除去、肝機能アップ、アレルギーの抑制、ホルモンバランスの調整だそうな。自分がほしい結果に注目すると、美肌効果とアルコール対策ってことかな。内から外から、いいな。

「落ち着くね〜」

深呼吸をして目を閉じる。今の状況が客観的に見えてきて、改めて桶に小さく納まっている事実を突きつけられる。

「峠の釜めし気分になってきた」

「ドライブインで売られてるやつね……」

醤油と出汁《だし》の香りの人になってしまいそうなので、桶から出よう。

すると、おばティンクがススッとやってきて、ジェットバスを指し示した。これも、桶のように整列しているんだ。見た目はホテルのひとり用の湯船だよ。それが整列って、ショールームじゃあるまいし。はなはだナゾ。

「なんでいちいち小分けなのかな」

「大浴場じゃだめなのかな」

ジェットバスは、水流が激しかった！

「あはははは」

盛大にぶくぶくぶくぶく、気持ちいいを通り越して笑えるレベル。

「すごい脇腹攻撃だね‼」

「くすぐったいー。あ！　小分け風呂なのはアオザイ体型のためじゃない？」

「誰にも邪魔されずにジェットされるため？」

「そうそう、脇腹とか、腕とか、まぁあちこち的確に狙い撃ちするためじゃない？」

「真剣勝負なんだね」

というのは予想だけど、そんなこともあるかもしれない？

ベトナムの女性が今も普段からよく着るアオザイは、胸も腕もウエストも、体のラインぴったりに作られる。究極の女の色気ムンムン民族衣装だよ。すごいプレッシャーだろうな！　ひとりひとりの体絞りの真剣度も、自然と高くなると思う。

そういえば、ベトナムのおかあさんは、娘さんがキレイにアオザイを着こなせるよう、スタイル管理に厳しいと聞いた。わざわざ娘さんより細いサイズのアオザイをオーダーメイドして、それを着こなせる体型を維持させるべく、プレッシャーをかけるんだって。

アオザイを着ているイコール太れない、実際細い、この歴史的な好循環はぜひ見習いたい。

「Tバックをはく人はお尻がたれない、ていう都市伝説はきっと本当だね」

「プレッシャーって大切だよね」

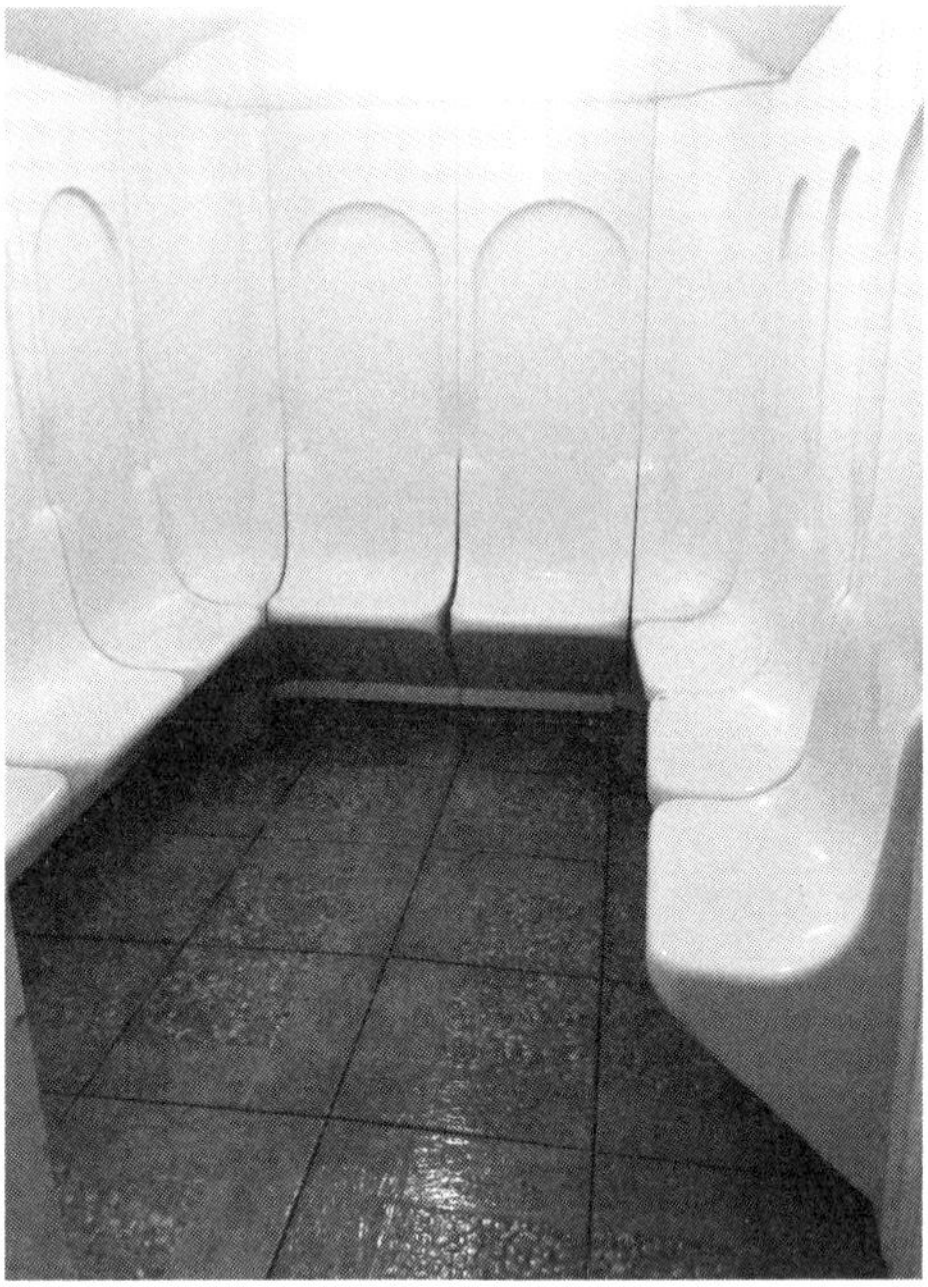

狭い部屋にギュギュッと、便器のようなサウナ椅子が。
圧迫感でいっぱい。

ナゾの便器が並んだスチームサウナ

話が少々飛躍したところでおばティンクがやってきて、別の部屋へと誘ってくれた。

そろそろネバーランドかな。扉を開けると……。

便器のサウナ♡

背もたれの高い、真っ白なテカテカの便器素材でできた大きなイスが、壁にぐるりと8席。便器の王座みたいなやつがひしめき合っているのだ。

「また個別……しかも並べたがるの、ナゾ……」

「大きいのひとつじゃだめなんかな」

ジェットバスは、個別にした意味がわからないでもない。じゃあ、この便器スチームサウナは……あ、便器だからかな。用を足すのはいつだって個別だ。いやこの発想はチープすぎるだろ。

するとおばティンクが、大量の甘草片と、たっぷりのお湯の入ったタライを持ってきて、足元に置いてくれた。

「アシ、イレテ」

言われたようにタライに入れる。

ティンクがサウナを出て行って少々時が過ぎた。徐々に徐々に、ポカポカポカ〜。甘草って、こんなに温め効果があるなんてね。確かにここはサウナだけど、足元から全身に巡るポカポカ感が顕著。これはいいこと知った。冬には是非、甘草入りの入浴剤を使おうっと。

しばらくそのまま汗を流していると、おばティンクがサウナに舞い戻ってきた。

「シャワーネ」

いよいよお風呂ステージは終わりかな。体をシャワーで流すと、毎度のごとく絶妙なタイミングでティンクが現れ、バスタオルを2枚ずつ渡してくれた。1枚で体をふき、1枚を体に巻く。

「マッサージネ」

そのままの格好で、3階の部屋へ。マッサージベッドが2台置かれている。

「ジャアネ」

「ありがとう、ティンカーベル！」

とは言わなかったけど、なんだか淋しいのはホントだよ。ありがとう、無愛想なおばさんの妖精さん。

驚異の拷問マッサージ

すぐにうら若い女子2人が現れた。いや、ほんとに若いの！　にこにこしててかわいい～。小さくて細くて……どうがんばっても17、18歳に見える。

おそらく未成年のセラピストさんに当たったのは初めてのことで「感心ね～、がんばってね～」という全面的に味方の気持ちになった。

「アオムケデ、ネテネ」

でも、いざ自分たちがお客だとちゃんと気づくと、あまりにもか弱い見た目で、ちょっと心配になる。

「力弱そうだね」

弓月とこっそり会話。でもまぁ、もうゆだねるしかないね～。

うら若い彼女は、わたしが体に巻いていたタオルをとって横になると、ササッと薄い布をかけてくれた。そして、マッサージスタート。まずは頭から……？？

すんごい破壊力‼

目がパチクリ！　わたし、今、虐待受けてる？

ねぇねぇ、それ殴ってるよね、グーだよね、あ、平手も？　ちょっちょっ、髪の毛を引き抜こうとしてる？　ぐいぐいぐいぐい、痛いってばーー！　え、なに今度は引っ掻いてんの？　わしゃわしゃガリガリ、いやもう、マッサージの域なんてとっくの昔に超えてるじゃん、ていうか、マッサージと感じた瞬間がない！

疑問は感じるんだ、でも、ハノイのマッサージ、というか、この店のマッサージの正式なのがこれかもしれないでしょ。正解がなんだかわからないから、とりあえずゆだねるんだよ、黙って術後の効果を願うんだよー（涙）！　弓月も黙って受けてるわけだし。

そのまま顔。ほっぺをつねるつねる、肉ちぎれるよー。でも、力強いと、シワやらなにやら伸びてくれそうだから、グッとこらえる……。

すんごいつらい頭と顔のパートの10分が過ぎ……いや、5分くらいだったのかもしれない。ただちょっと、つらすぎて、長く感じたんだけど。ようやく頭から手が離れて心底ホッ。

はぁ……なんだったんだろう……あ。もしや、うっぷんばらし？　そうかもなぁ。日々大変だよね、若いのにさ、ほんとは遊びたいだろうにさ、お仕事おつかれさまだよね……と、若干仏になったのも束の間。

おっぱい揉むなー!!

体にかけてくれていた布をジャッとはぐと、ぐわっしぐわっし！

両手でそれぞれの胸をぐるぐる擦りまくって痛い痛い、乳首をピンッとつまみ上げる。それ、ゴムじゃないからー（笑）！

痛いしおかしいし、あーもう、心は崩壊寸前だよ。

だんだん、痛みよりおかしさが増してきて、今にも吹き出しそうなんだけど、ここで笑ったら、やばい人だよ、わたし。セラピストの彼女は、なーんの迷いもないんだもの、きっと、こうやるべきでやってるんだもの、潔癖勤勉な彼女からしたら、おっぱい揉まれて吹き出すなんて、やらしい発想が潜んでるとか思われそうで恥ずかしいや、がんばれわたし！　プライドにかけて、がんばるんだ！

続く全身のマッサージも、とにかく驚異。渾身の力を込めて、ごしごしゴリゴリ、肉という肉をくまなく擦り、揉みしだき、突き上げ、げんこつかまし……うつぶせパートもね。激しさ弱まることなし。

トータル30分ほどの戦いが終わり、ゆ〜っくりと起き上がる。ゆっくりじゃないと、ムリなんだよ。はぁぁ遠い目。

はっ。わたし、今、生きてる！　3秒後に感じたそんな当たり前のことが、幸せでたまらない。わたし、生きてる！　ものすごい喜びと、ここちいい脱力感に、あぁもう天国や〜。

相変わらずにこにこかわいいセラピストさんに、

「カムオン（ありがとう〜）」

とお礼を言うと、セラピストさん2人は、部屋を出て行った。

「すごかったね」

「うん？」

「めっちゃ揉まれて吹き出すかと思った」

「うん？」

「すんごい痛かったし」

「え」

どうやら、わたしだけだったみたい……マジか。

いいネタありがとうよ！


でもね、ロッカールームへと歩きだしたとき、本当にびっくりしたんだ。

か、軽い！　体が軽い、軽すぎる！　ここにくる前は歩き疲れてへとへとだったのに。もしかしたら、あれは、彼女なりの本気マッサージだったんじゃない？

あぁわたしよ、そう信じたかったのだろう、なんということか、感動がわき上がってしまった。

甘草粥を食べるためだけでも、ここにまた来たい。

あれは、甘草のお風呂やサウナの効果だったのか、痛みから解放された喜び効果だったのか、実はやっぱりマッサージ効果だったのか、今となっては知る由もない。

ただ、はっきり言えるすばらしいことは、おいしいもの王国ベトナムでの数日間の滞在で、一番気に入った食べ物が、あのスパで最後に出された甘草粥だったってこと。

東洋的なスパイス感と、ほんのり甘い甘草の味わいが五分粥に染み込んでいて、スーッと体に行き渡る感覚が鮮明だった。

添えられた、さっぱりで歯ごたえシャクシャクのナシとグァバがいいアクセントにもなって。最後は再び甘草茶でしめる。うんうん、体の老廃物を出した後に、いいものを取り入れた感がとってもいい。

て、これじゃごはんの感想じゃん（笑）。とってつけたように、スパ後の感想を記しておくと。ほっぺたのつやつや度がすごかった。あのつねり術も効いただろうし、甘草を内から外から取り入れたのは、きっとよかったと思う。

それに、ちょっと体重が減った。あれだけ痛めつけられたんだもの、ちょっとぐらいやせないと損でしょ、原因はきっとストレスだけど（笑）。

それってアオザイ体型に近づく秘訣になるかも……て、投げやりすぎ。まぁ、暴力の果てに得るものはあったと言えるでしょう。Mだな！


フン・セン・ヘルスケアセンター（Huong Sen Health Care Center）
78 Yen Phu, Phuorg Nguyen Trung Truc, Quan Ba Dinh, Hà Noi
http://huongsenhealthcare.com

Beauty World Trip 5

台湾

激痛の「挽面」に号泣して「究極の耳かき」でエクスタシー、驚きの「霊芝パック」でもち肌をゲット

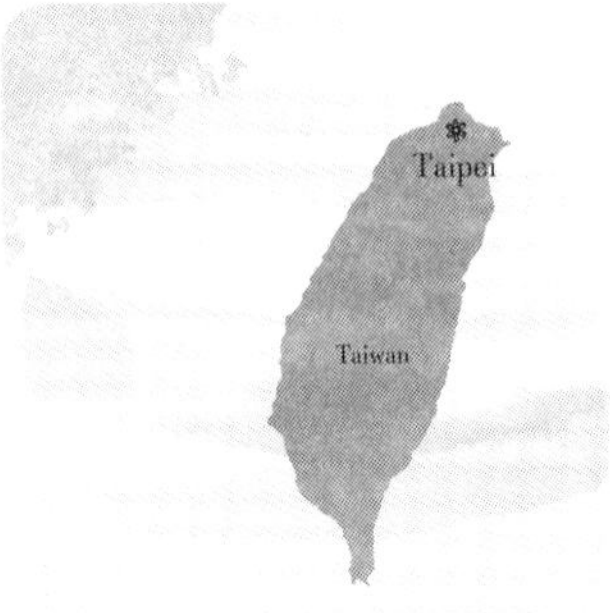

耳かきフェチの私に火をつけた「耳かき屋」

わたしは耳かきフェチだ。小学校3年生くらいから耳かき棒を夜のお供とし、部屋の隅でひとりもぞもぞとかいては、「くぅ〜っ」とうなる。

たくさん動いて風を浴びた日はいっぱい耳垢がとれるし、どうも毎回右耳の方が多い気がしてる。右をよく使うのかなと思ったけど、利き耳は左だから（ちなみにそれは右脳派で、言語処理能力はやや遅めらしい）そういう訳でもないみたい。利き手が右だから、よく髪をかき上げてそちらの方が空気にさらされやすいとかかな。

中学2年の頃、耳かきのやりすぎで耳鼻科に通うことになり、週1回しかやっちゃ

ダメと言われ……あの時期は耳かきデイと決めた水曜が本当に待ち遠しかった！　あぁ愛しの耳かきよ。

大人になって「匠の技」という商品名の耳かき棒と出会えたのは、すばらしい出来事だったなぁ。竹製で、一本一本が手作り。すくう部分の薄さ加減と、しなりっぷりがいい塩梅で、あぁうっとり。しかも２本セットで５００円というお得プライスったらすごい。２本２０００円って言われても買うよ！

まぁ、そんな深い耳かき愛を持つわたしが、今回台北にやってきた目的は、ずばり「耳かき」。その少し前に、渋谷の小籠包屋さんで、台北のガイドブックを書き続けている直美さんから聞いた言葉がきっかけだ。

「耳かき屋さんがあってね、台北に。20分で５００元（約１７００円）って高めだけど、おもしろいわよね」

おぉぉ、耳かきフェチ魂にばっちり火がつくってば！

台北の移動は、自転車に限る！

それで、さっそく台北へやってきて、耳かき店へ行くべく自転車をこいでいるというわけ。メンバーは２人。台北在住のお友だち・なっちゃんと、おしゃべりしながら走ってる。

使っている自転車は台北駅のすぐ隣、MRT中山駅前で借りた「ユーバイク」。数年前から導入された、観光客でも気軽に借りられる公共レンタサイクルだ。返すのは別の駅やランドマーク的な場所にあるユーバイクステーションでもOK、借りた時間に応じ、設置された機械を通して自分で後精算するというのもスマートでいいじゃない。

このときは、中山駅で集合して、迪化街という駅からちょっと離れた漢方屋さん密集エリアへ行き、その後、オススメ耳かき店のある龍山寺駅へ移動する、というコースを予定したので、移動手段としてかなり有効だった。なにより、サイクリング自体がとってもきもちよかったしね。


迪化街に寄った訳は、ズバリ、お通じに効く漢方がほしかったから。インドの奥地でバックパッカーの旅をしても、下すことのない健全強固なおなかを持つわたしは、逆に一度便秘になってしまうと詰まりっぷりがハンパない。

あぁ、なんということでしょう。おいしいものだらけの台北で、激しい便秘に陥り、おなかパンパンで苦しすぎ、食べることすらままならなくなっていたのですよ。

どんな薬もそうそう飲むタイプじゃないけど、というか健康すぎて飲むシチュエーションがあまりないから薬に慣れないのだけど、今はなんにでもすがりたい。ならばせっかく東洋医学の台湾にいるし、漢方でどうだ。自然由来で歴史深いそれなら、安心できるもの。

するとまぁ、通りの様子がだいぶ変わってる。前回ここを訪れたのは2年くらい前だけど、こんなに変わるものなのね。おしゃれなカフェやショップがいっぱいあるし、範囲もババンと広がっていてびっくり。ほぼ漢方屋さんだけの、渋い雰囲気漂う狭いエリアだったのに。台北って本当に変化の早い都市だこと。

さっそくユーバイクステーションに自転車を返すと、便秘解消の漢方を求めて歩き出した。

各店の前に並べられているのは、大抵マンゴーやキウイ、ナツメなどのドライフルーツ。それに真っ黒焦げになった、ナ、ナマコやら、ちょっとグロテスクにけばけばした海藻みたいな物体、巨大なかっちんかっちんのキノコやら。

どの店内も、漢方の保管されている瓶や、缶や、棚がびっしり並んで迫力たっぷり。種類も豊富でキリがない。この街に来れば誰でも健康になれる気がするな。

さぁ、わたしの便秘くらい、ちゃっちゃっと治していただきましょうか。中国語も堪能ななっちゃんに頼んで、いかにも歴史深そうなお店で聞いてもらう。

「牛乳飲んでる？　だめよ〜、ごくごく飲まなきゃ。あ、できれば蜂蜜も入れたらいいわね。純粋な蜂蜜よ」

あれ？　わたしに漢方売ってくれないの？　とびきり欲してるから、今ならどんな高いのでも買っちゃいそうだよ。じゃあせめて、よく効く蜂蜜分けてください。

「蜂蜜？　扱ってないわよ、スーパーそこにあるから、寄ってみて」

あ、そうですか。いいカモなのに、逃しちゃうんだ……いい人！

続けて、別の風格漂うお店でもトライアゲイン。

「あら〜、便秘？　ちゃんと病院行ってよ〜、つらいでしょ、よくなるといいわね」

あ、はい、ご心配いただき、ありがとうございます！

結局、手に入らなかった（笑）。

台湾伝統の美容法「挽面」に挑戦

迪化街で再度自転車を借りると、すぐ西を流れる淡水河の畔の道を通って龍山寺駅へ向かう。

大都会台北の真ん中で、水辺をすいすいと風をきって走る。まもなく大海原へと解き放たれるこの辺りの水脈は、どーんと太く、ゆったりとした物腰で流れてる。風は川面をなめらかになで、それからふわっとこちらにやってくるんだ。しっとりやさしい感触と、草の香りを残してすぐに去って行くんだけど……。

だんだんと、世界となっちゃんと自分が、紫色に沈んでく。対岸には、上品な街灯りと建物のシルエット、道の脇ではバスケットボールに興じる男性グループ。辺りに響き渡るのは、おそらく、美声。ビブラート自慢のカラオケ愛好家が、自宅から運んできたらしい大物カラオケセットを使って、気合いの入った歌声を披露してくれている（笑）。

だからこの街大好きよ〜。都会でありつつ、川やら海やら山やら温泉やら。自然の融合っぷりがすばらしく、人々は常につっ込みがいがあるんだから（笑）。

龍山寺駅にもユーバイクステーションはちゃんとあった。乗ってきた自転車を返却すると、目の前にあった地下街への入り口に、なんとなく吸い込まれる。階段を下りると、そこは渋い雰囲気が充満する商業スペースで、昭和風味の服屋さんや、あやしいお土産屋さんが並んでいた。そのまま少し歩くと、「挽面」と書かれた看板が。

「出た！」

なっちゃんと顔を見合わせ、ぷぷぷぷぷ。以前、一緒に夜市を歩いていたときに見たヤツでしょ、ここにもあったか。

それは、「ワンミエン」と読む台湾伝統の美容法で、糸を顔の上で器用にねじり、産毛を絡めてとる。夜市の一角でおもむろに繰り広げられているところもあって、気になっていたんだよね。ビジュアル的におもしろすぎるんだから。

道の片隅に、白塗りのお客人たちが、ヘアバンドでガツッと顔をさらして座ってる図ったら！　ねぇその姿、バカ殿の親戚だよ（笑）。その顔でじっと目を閉じ、口も真一文字にぎゅっと締め。施術者さんは、お客さんの顔ギリギリまで自分の顔を近づけ、指と、口まで使って糸を操り相手の顔に何やらをするとか……うん、不思議度指数はだいぶ高いよ、なんかの罰ゲームの域でしょう！

そんな疑惑たっぷりの挽面を、屋根のある店舗で体験できるなんて。興味がわくじゃないの。

「やってみようか……」

「そうね、台北に住みだして3年になるけど、まだやってなかったからね……」

挑むことにした。だいぶ、おそるおそるです（笑）。

さて、入店すると、メニューを渡された。日本語もある。なるほど、ここは「紀老師」という挽面の第一人者のお店なのね。効果についても載ってるな。

1. 顔のムダ毛を毛根から取り除く
2. 古い角質を取り除く
3. 新陳代謝がよくなる
4. 毛穴に詰まった汚れを取り除く
5. ニキビができにくくなる

6. しわが薄くなる
7. 顔色がよくなる
8. ホワイトニング効果がある
9. 化粧ののりがよくなる
10. ローションクリームをよく吸収するようになる

へえ、そんないいことばっかりだなんて、是非やらないと。で。

11. このような効果から、台湾では挽面は開運につながると、信じられています

……なんでやねん。どの辺が「このような効果から」なのだろうか(笑)? まぁ理屈はいいか、運は開けるなら開いといた方がいいものね。それに昔は花嫁さんが結婚式前に受けていたと聞いたし、開運と紐づけて捉えられてもおかしくないかな。

バカ殿フェイスからの、激痛の嵐!

店内には、開けっぴろげで、イスが2つずつ並んだブースがたくさん。で、挽面を受けているのは、女性2人、男性ひとり。そう、男性も! 台湾男子、美意識高いな。

「挽面」界の有名人、紀先生のサロンは数店舗ある。

おばちゃん2人がやってくると、なっちゃんとわたしをそれぞれ全く違う方向のブースに通してくれる。わたしの隣も空いてるんだけど、わざわざ離れたところにつれて行くということは、施術者さんそれぞれの専用ブースがあるんだろうな。お互いの様子を見てみたかったけど。

「はい、そこに座って。これ使ってね」

イスに座ると、ヘアゴムを手渡される。パッと髪をまとめたところで、視界におばちゃんがジャンッ。顔の距離、近っ（笑）！　ヘアバンドでしっかりまた髪をまとめ直してくれた。そしてコットンにクレンジングを含ませて、化粧を落とし、続いて白い粉を顔中に塗り塗り。

あ、あれだよね、夜市の片隅挽面ブースで、わたしが人様をせせら笑っていたときのようになってるんだよね……人生でなかなかないよ、バカ殿体験！　なっちゃんと写真を撮り合いたかったなぁ。いやでも、そんなもの残さない方が身のためだから、席を離してくれたのかもしれないなぁ（笑）。
粉フェーズが終わると、すぐさま次の施術。おばちゃんの顔がグッと近づいたので、目をバチッと閉じる。

ブチブチブチブチブチブチブチブチブチブチブチブチブチッッッッッ！

イッターーーー！

突然の激痛の嵐！　何が起こってるかなんてわからない、そんなのどうでもいいっていうか考える余裕ゼロ、とにかく痛い、痛い痛い！
少しすると痛みにさらされつつも、おそるおそる目を開け……おっと、浮かんだ涙がこぼれ落ちそう。落ちないように注意しつつ、何が繰り広げられているのかを確認すると、あぁなるほど。おばちゃんは、毛抜きでわたしの眉毛を整えているんだ。超高速、まさかの手さばき！　一秒に2本は獲物になってるはず。毛抜きにそんな躍動を与える人がいるとは、魔法使いなんじゃないの!?　だって、一瞬一瞬、形を考慮して引っこ抜くべき1本に目星をつけ執行するという判断力と瞬発力、そして軽快な操作力……。
これはすごい、敵ながらあっぱれ。あ、いや敵じゃなかった、めちゃ味方。でも「敵」と思わず言ってしまうほどの激痛なのよ。あぁもう、痛すぎて放心するしか生き延びる道なんてない……ほんと、冗談抜きで、放心必須。意識がここにあったら、ちょっとまずい。

そして5分ほど経過すると、やっと毛抜きの動きが止まった。あぁ眉毛、そんなに抜かれて大丈夫？　ていうか朝も整えたけど、そんなにまだムダ眉毛があるなんて（笑）。

するとおばちゃんは、毛抜きを糸に持ち替えた。あぁ、いよいよ「挽面」ね！

ブチブチブチブチブチブチブチブチブチブチブチブチブチブチッッッッ！

イッターーーーー！

おでこ、生え際、目の周り辺りから始まったけど、このへんが痛いポイントなんだな～、泣けるっ。

やってることは、糸をねじるように引っ張りながら肌にあて、ねじりを解消するときの反動で産毛をまとめて絡めてとっているみたい。うーんなんたる力技、強引そのもの、オラオラだね！　確かにこのやり方だと、産毛だか髪の毛だかわからないような、太めの輩《やから》がたんまりある生え際は痛いに決まってる。しっかり根付いた髪の毛未満をまとめて引っこ抜くんだもの、たまらないや。毛穴の角度によっても、激痛具合がヤバいことになるのは想像がつく、あーーもう、涙止まらず！

「あはははは」

おばちゃんよ……涙を見て笑っているの？　あらまぁ高らかだこと。すると隣のおばちゃんもコチラを見て、

「あははははは」

くぅ〜、笑えばよかろ、がまんなんてできないんだからっ！

ちなみにおばちゃんは、涙なんて見たところで、一秒たりとも手を止めてはくれない（泣）。

おでこが終わると、続いて鼻やほっぺたをブチブチブチッ！　まぁ、だんだん刺激は薄くなってきているのだけど。いえでも、薄いって言ってもだいぶ痛いのだけど（しつこい）。

それにしても、小鼻の産毛も糸で抜くってすごい。小さく凹凸や傾斜のある箇所でも、確実な糸さばきで抜いていく技に感動。そんな考察ができるココロの余裕が自分に出てきているのにも感動。それから、かなり至近距離にあるおばちゃんの瞳の真剣度にも感動。笑ってる瞬間とのメリハリすごいね！　まさに仕事人の眼差しだ。

あとはもう……プロの技を信じて、託して、ココロを無にして、生き延びよう……。

そうして痛がること35分、ようやく糸が顔から離れた。

ほっっっっ。

異常なまでの安堵感。ココロの底から脱力。このココロの緩急で、自律神経が活性

化されそうな気すらする。

そして、ローションをつけたら終了。お疲れさまでしたー!!

手鏡を受け取り、自分を映してびっくり。顔色が明るい！　そういえば、お肌とってもすべすべ、つるんとしてきもちいい、ずーっと触ってたい♬　しかも、ほっぺが上がった気がする。いや、絶対そうだ。糸の刺激がお肌を目覚めさせたかな？　皮膚が活性化して新陳代謝がぐぐんと上がったのだろうな。

そして、向こうからなっちゃんがやってくる。

「なっちゃん、痛かったねー！　お肌感動だねー！」

「うん、ハリケーンだったね！」

2人とも、テンションが3段階くらい上がってる（笑）。

「ん？　眉毛！」

なっちゃんに言われて、再び鏡をのぞく。そうだった、眉毛抜かれてたんだった。さっきはお肌に注目しすぎて気づいてなかったけど、眉毛、細いってば。なんとなく台湾人。あぁ、うん、なんていい台湾土産なんだろう（笑）。

ともあれ即効性ありまくりで、本当にうれしい！　うれしい、うれしいよ、でも、またやる勇気は……？　人によっては2、3週間に1回はやると聞いたけど。きっと慣れるのだろうけど。絶対キレイ度アップするのだろうけど。「けど」って言いすぎ。「美」への道はいばらですけど！

「超技術」の耳かき屋

さて、2人でだいぶお肌を褒め合ったし、耳かき屋さんへ行こうかな。思いがけず挽面をやったので、なっちゃんはここでタイムリミット、ひとりで向かう。

時間は午後8時40分になりそうな頃。しまった……耳かき屋さんは午後9時が閉店のはず。両耳で20分くらいとは聞いているけど、台湾の人だもの、入店しさえすればやってくれるだろう。辿り着けるといいな、予約してないけど空きあるといいな。

iPhoneでグーグルマップを見ると、住所自体は大通り沿いになっている。でも、入り口が裏側だったり、小道が入り組んでたりして、すんなり着けない可能性だってあるでしょ。

だって耳かき屋さんだよ。こちらにあるイメージはきっぱり2つだ。

浴衣をまとったきゃぴきゃぴギャルが、膝枕でそよっと掃除してくれる、新宿歌舞伎町辺りにありそうなアレ。

もうひとつは、歴史の感じられる黄ばんだ白衣を着たひょろひょろのおじいちゃんが、ご近所の口コミだけを頼りにやってるうらぶれたお店。

どちらにしろ、絶対裏道にあるパターンでしょ、きっと迷うんだろうな。と、思っていたらすんなり到着。大通り沿いの1階にある、とても目につく緑の店舗だった。

壁には大きな文字がいっぱい。渋いフォントの文字で「超技術」、また別の渋フォントで「掏耳」、やっつけ感のあるゴシック体で「耳腔清理」、それから「ミミソウジセンモン」、他にも色々。なんでも詰め込んだな。後からわかった店舗の正式名称は「陳聖閒耳腔清理」だった。どこにも書いてなかったじゃん（笑）。

ともあれ、時間が迫っているのでさっさと扉を開ける。そこは待合室のようなスペースで、黒いソファに小さくて丸みのあるおばさまがひとりでちょこん。蛍光ピンクのジャケット×黄色いセーターという、まぶしい重ね着スタイルで新聞を読んでいた。ソファの色によく映える〜。

それにしても、順番待ちのお客さんがいるなんて。今日は無理かな、残念だけど人気店を訪れた証だから、その点ではうれしいかな。するとおばさま、ニコニコニコッ。

「ハロー」

どうも出迎えてくれている。あぁそうか、お手伝いの人でしたか。

「耳掃除お願いします」

日本語でそう言いながら、こちらもニコッと笑い、耳元で手をくるくる回す。

「オーケー」

ソファの部屋の先にある2室のうちの1室へと案内してくれた。

部屋は3畳くらいでこぢんまり、真ん中には美容室のシャンプー用のイスみたいな、深いリクライニングのイスが。キレイなタオル地の布がぴしっとかけられていて清潔感バッチリ。奥の両隅には棚があって色々ものがあるみたいだけど、そんなにもの必要かな、耳かきなのにね。

それから、壁には真っ赤なのとショッキングピンクのサンバイザー。ツバの先にはライター3つ分くらいの何かがついてる……あ、懐中電灯。これで耳の中を照らすのか〜、ヘッドランプスタイルだね、よく見えそう。ちなみに強力そうなクリップでとめてあるから、きっとお手製なのね(笑)。

興味津々で見ていると、おばさまはベッドをポンポン。

「横になってね」

多分そう言ってるんだよね。ベッドに上がって寝ころぶと、ふわっと膝掛けをかけてくれた。あ、うれしいな〜。そういえば一日中動いていたから、きっと疲れているんだよね、ちょっとした心遣いにほろほろとココロがほぐれる。

真っ赤なサンバイザーの耳かき師さんの妙技

わくわくしつつも、しすぎてムダにイメージを落とさないよう気持ちを落ち着ける。だってわたし、耳かき技は超一流と自負しているからね。

「専門店とはいうけど、どれだけの仕事してくれるのかな～」

という上から目線、実は強いんだ。

前にバンコクでも行ったよ、耳かき専門店。たいしたことなかった（泣）。というか、自分でやる耳掃除の方が心地よくて、たいそうもどかしい気持ちになったんだ。

一方、その思いとは反対に、

「もし、自分の技以上なら、快楽の大きさはハンパないってことだよね……♡」

そんな期待も。ともかく、落ち着いて身をゆだねるんだよ～。

するとおばさま、壁にかかっていた真っ赤な方のサンバイザーに手をかけ装着……。

あ、おばさま、あなたが耳かき師さん？

そういうわけで、浴衣のぴちぴちギャルでも、年季の入った白衣のよぼよぼじいさんでもない、ピンク黄色な小さなおばさまが耳かき師であることが判明。にっこにこだし、妙に親近感わくんだよね（笑）。うん、わたしの快楽をお頼み申し上げます！


さて、施術開始。おばさまがサンバイザーのツバの先をいじるとピカン！　懐中電灯に灯りが宿る。

「やったね」

当然の出来事だけど、お手製だけあってなんかうれしい。

するとすぐさま、

「ひゃっ」

細くて冷た〜い棒が耳に入ってきた。すごくスマートに、いい塩梅の深さだけもぐってそわっと一回転、そしてひゅっと引き出され……き、きもちいい。まさか、第一投からこれとは、次が楽しみになるじゃないの。どきどきするな〜。

そして第二投……ひんや〜り、こそこそこそ。んん？　なにそこ、めっちゃイイ、そんなとこに掻くスポットがあったなんて、あぁうっとり。きもちいいスイッチが増えてしあわせ。おばさま、しびれますよ、あなたの技にしびれてます！　すでに甘美マックスだー。

一気に上がったテンションは、わたしの手にiPhoneを握らせる。レンズをインカメラにして様子を拝見することに。

まずはそこに映し出された、おばさまの真剣な眼差しに感動……さっきまでのニコニコッとは打って変わって、なんて鋭いの！　まるで、獲物に狙いをつけた狩猟民族の如し。実は7人家族の主《あるじ》で、冬ごもりのための狩り中に、大物と遭遇して絶対撃ってやる！　と意気込んだ瞬間の如し。いや〜、おばさまの瞳は、まさにハンター

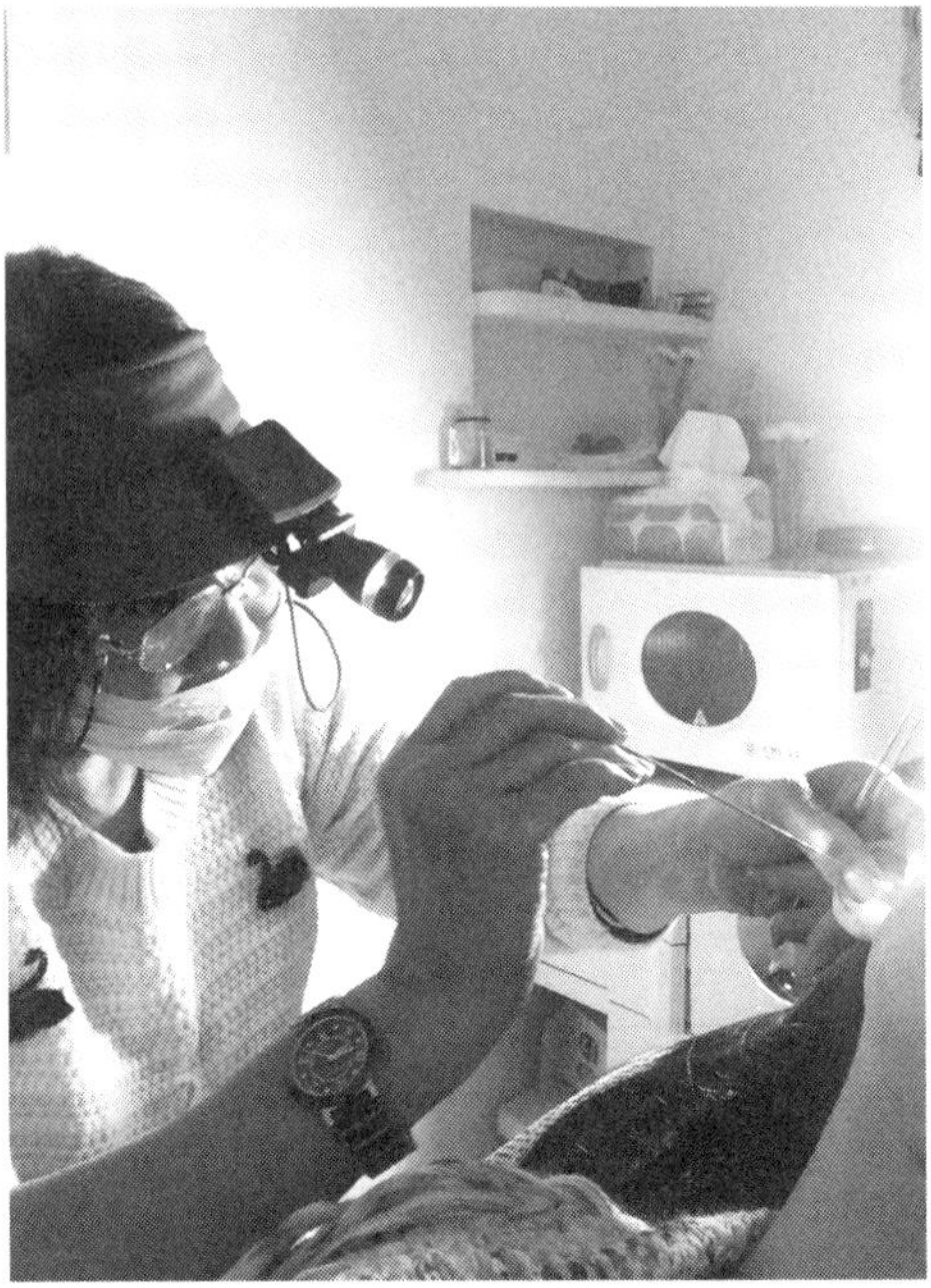

隅の棚には様々な耳かきツールがいっぱい。電子レンジのような白い箱は、耳かきツールの消毒ボックス。

のそれだ。

細部を見ると、彼女の手には、鉄の棒とピンセット、手元の台にはコットンと、数本の耳かき棒、あとはどうやら水の入った器。

彼女はその都度、数ある棒の中から適当な一本を選び抜き、わたしの耳へスッと迷いなく運ぶ。かさかさかさ。ふわふわふわ。そわそわそわ〜！　時に、棒の先にコットンを巻きつけ、たっぷり水でしめらせ、こそこそこそ。耳の内壁に触れてるようで、いないような、エアリーな感覚に存分にもてあそばれ……うぅぅじらされる感じがたまらない〜、と思えばがっつり掻かれ、ものすごく、すご〜く直球できもちよく……はぁう。とけそうな気分なのに、さらなる快感……ふわんふわんの綿毛が、くるくるくるっと軽快に耳の穴の中で回転。あっちの角度、こっちの角度からと、ライトで照らして何度も棒を変え……幸せ攻めとはこのことよ〜。どの瞬間を切り取って思い出しても、完璧に極楽浄土。うっとり。

反対の耳をやっていただくときには、もう、全身脱力。もちろんiPhoneは手放し、ただただ、快楽に身をゆだねるのでありました。

20分ほどたったあと、おばさまは耳かき棒を止めた。あぁぁ残念ながらわたしの耳垢はなくなってしまったのですね！　もっとやってほしかった、耳垢今すぐたまらないかな……。

するとおばさま、両手でガシッとわたしの頭を包み込み、指先だけに力を込めて、これまたいい塩梅の加減でヘッドマッサージをしてくれた。はぁぁ、たまらない。

きっと、耳垢とりという快楽のワンダーランドから、いつもの世界へ舞い戻るためのワンステップを与えてくれたんだろうな。お心遣いありがとう。

大量の耳垢に、うれしすぎる敗北感

全てが完了すると、おばさまはまたニコニコニコッの顔に戻っていて、白い紙をわたしに見せてくれた。

「え！」

思わず声が出る。だって、紙の上には耳垢がいっぱい。しかも大きい塊まで。昨夜は、耳かきプロを自称するわたしが、耳かき棒業界のホープ「匠の技」を使って、丁寧に時間をかけて耳かきしたんだよ。それなのにこんなに……びっくり。あぁ大満足！　うれしい、うれしすぎる敗北感。わたしの技なんて、おばさまの足元にも及びませんでした。

ベッドから立ち上がり、まわりにある設備を見せていただくと、奥の棚は消毒ボックスだった。耳かき棒やピンセットなど、使ったものはすぐさまそこで消毒。このわかりやすい清潔感も安心して受けられるポイントだよね。


さて、待合室へ戻ると、おばさまの旦那さまと思《おぼ》しき男性が、珈琲を淹《い》れて待っていてくれた。おばさまと同じくニコニコニコ。

「フェイスブックに『いいね！』してね」

とわたしのiPhoneをいじる。

「これこれ、友だちに勧めてね～」

大量の名刺を渡される……（笑）。うんわかった、この感動、伝えとくね～。

その後、お店を出ると、夜風をふんわり浴びつつ、MRTの龍山寺駅へと向かって歩きだす。まもなく、変化に気づいて驚いた。

頭が軽〜い、妙に軽い。物理的に首がそう感じてる。しかも、前より音がちょっとクリアに聴こえてる気がするんだ。いやきっと気のせいじゃない。

それに、右耳から左耳へと風が吹き抜けてく感覚がリアルにあって！　へえ、こんなことが起こるとは。新しすぎて感動……この旨、後で人に話すと、みんな気のせいだと言うし、まぁ、実際そんなことありっこないか（笑）。けど、そう感じたんだから仕方ないでしょ。

もうひとつ。思考がとってもクリアになっていて！　あぁ感動。歩きながら、新しいアイディアがどんどん浮かんで楽しくて楽しくて。それを達成するには、アレをこうして、ソレをああして……なんだこのテンポのよさは。

脳みその近くにある、初めて知る気持ちいいスポットを刺激されたことで、脳みそが活性化された、きっとそうじゃない？　耳かきこそ、開運なのじゃないかと！

決めた。台北を訪れるたびに、このお店へ耳かきをしに行くんだ。

「宗元堂」の「霊芝パック」とは？

さて、その他にもうひとつ、どうしてもお伝えしたい美容体験がある。

便秘に効く漢方を求め迪化街を歩いているときに発見した霊芝。育ちすぎたキノコみたい。

それは「霊芝パック」。気功整体で有名な「宗元堂」さんのオリジナルメニューだから、他では経験できないのだけど、相当な効き目で感動そのもの！　これを書かない訳にはいかなくて。

「霊芝」というのはキノコで、漢方で使われる植物生薬のひとつ。笠の部分は手のひらくらいの大きさで、漢方屋さんが並ぶ迪化街でも存在感は抜群だった。

宗元堂さんの場所は、ＭＲＴ圓山駅から徒歩7分ほど。

道順は駅から大通りをまっすぐで、2回曲がるだけのシンプルさだよ。でも、一切宣伝めいた飾りのない店舗だから、気づかない可能性大（笑）。あの、何にも媚びない、腕一本勝負的な店構えにもグッとくるんだよね。

店内も、エステ色も観光色もまるでなく、施術ベッドが広々と置けるスペースのある、ただの白めの部屋だ（笑）。

ここは完全予約制。わたしはネットでパックの効力を知り、メールで予約していた。そのやりとりをしてくれたのは、気功整体の楊先生の奥さまで、日本人の刈田先生。

「霊芝パックをすると、一度ターンオーバーしますよ」

なんて魅力的な効果なの！　ターンオーバーといえば、皮膚細胞の新陳代謝で、老化した肌が生まれ変わるってコトでしょう。じゃんじゃん生まれ変わってほしい。

そうそう、霊芝パックの正式名称は「真珠粉ダブル霊芝排毒美容パック」。料金は1200元（約4300円）・真珠粉を倍量にしなければ1000元（約3600円）。もう、名前がスゴいでしょ。真珠だ、排毒だって。キラキラしてスーッとしそうでしょ。

「霊芝」にはいろんな効能があって、デトックス効果が高いことも大きな特徴のひとつだそう。煮出して飲んで体内から取り入れても、エキスを抽出してお肌から浸透させても、どちらのやり方でも新陳代謝が促進されるのだそうな。

その効果に目をつけ、他の薬草十数種と混ぜ合わせ、美白効果の高いパールも入れることでオリジナルのパックを完成させたと。ただ、そのブレンド法は極秘だそう。

ほんのり漢方の香りがする、特製のペースト

さて施術。まずは自分で洗顔することから。ここは癒し目的のエステではなくて、治療するための整体の店舗。そういう下準備は自分で。うん、このお客に媚びない姿勢が気持ちいいじゃない。先生には先生にしかできないことをやっていただきますよ。ちなみに、髪の毛を縛るゴムや、メイク落とし、洗顔料、化粧水は用意されているから手ぶらでどうぞ。

その後、リクライニングのソファに座ったら、後でパックをとりやすいように顔にガーゼをかけ、その上から特製のペーストをたっぷり塗ってもらうという段取り。霊芝とパールと、十数種類の薬草をその場で混ぜたペーストの色は、濃密なうぐいす色。香りは、いかにも漢方チックなのが、ほんの〜り。個人的には効きそうでうれしいな〜。まあ、漢方の香りが苦手だとしても、そうそう気になるほどの強い香りでは全くないからご安心を。

塗りながら刈田先生が言う。

「霊芝は神経を安らげるから、眠くなるかもしれませんね〜」

いやでも、パック中の変化も感じていたいから、是非起きていたい。

と、思ったけど、塗ったそばから、あらまぁなんか眠い……催眠術のごとく、それはそれは一瞬で、夢の世界へ引きずり込まれ……（笑）。

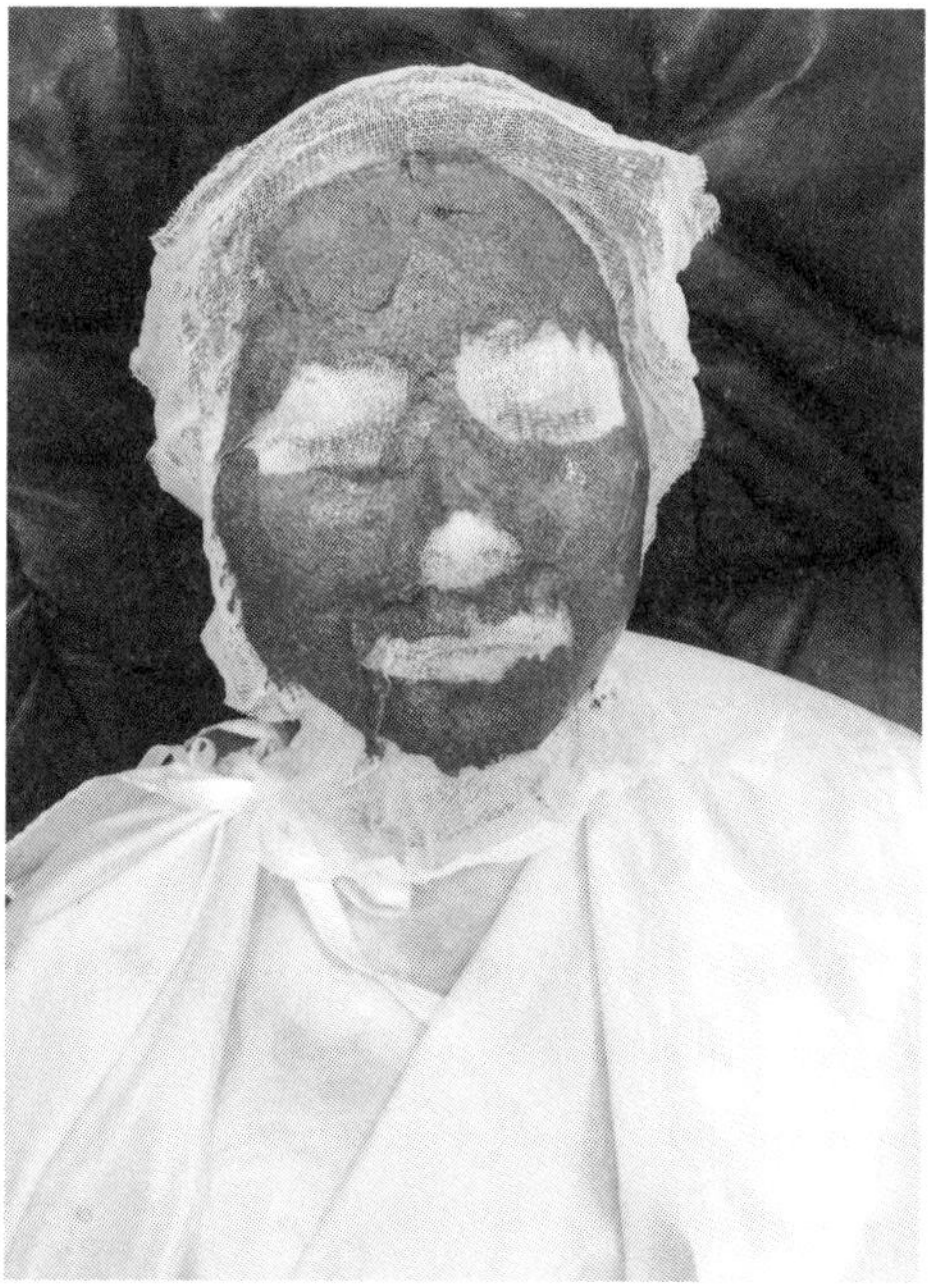

絵に描いたようなパック顔。だいぶいい記念になるから、撮ってもらうと吉。

ちなみに、お肌の状態がよくないときは、パックの成分にピリピリと反応するそう。ただそれは、霊芝が毒素を排出するからで、よくなる証なんだって。

「終わりですよ〜、顔洗ってきてくださいね」

「へっっ」

本当に一瞬の出来事だった（笑）。何を感じるでもなく、30秒のような30分を過ごして、驚くほどスッキリ。

ともあれ、パックをとってもらったら、自分で洗顔して、化粧水で整えて終わり。

「今日は水をいっぱい飲んでくださいね～」

それは、霊芝のデトックス効果が皮膚と体内に浸透していて、じゃんじゃん水を飲めば、じゃんじゃん毒素を排出できるからだとか。

「お酒はできればやめてください……でも、まぁ、せっかくの旅行だから飲みたいですよね。その辺はご自身との相談でどうぞ」


さぁ、効果の発表です。スゴい、スゴすぎ！　他の施術と比にならないくらい、もっちもちでツルンツルン。自分の肌が、こんなに弾むなんて思ったこともなかった。もう、あらゆる雑音が消えているんだ。カサッとか、ブツッとかね。いらない感触は一切なし。触っても触っても、一向に飽きないツルリン度。

しかも、絶対お肌の色がワントーン明るくなってて……なんなんだろう、この即効性。うーんびっくり！

「まだまだ変化が続きますよ～、1週間くらいは変わるかな」

わくわくしかないじゃないかー！

「今日はなるべくお化粧しないでくださいね。霊芝の効果が一日はお肌の上に残ってますから、あとでクレンジングするのがもったいないのでね」

それは確かにもったいない！　でも、日焼けだけはどうしても気になる。なので、お湯で落とせるナチュラルなタイプの日焼け止めを塗っておいた。

そうして自分としてはすばらしいお土産を身につけて帰国。1週間たってもほっぺを触るのが楽しくて楽しくて。台北の余韻がこんなにリアルに続くなんて。決めた、霊芝パックも、台北に行くたび絶対にやるんだ。

紀老師挽臉
台北市万華区西園路一段153号龍山寺地下街
http://blig.xuite.net/g0930588895/blog

陳聖聞耳腔清理
台北市萬華區萬大路9號

宗元堂
台北市哈密街142號
http://www.sougendo.com.tw

Beauty World Trip 6

韓国

汗蒸幕、ヨモギ蒸し、カッサ。効果てきめんトリートメントと、めくるめく発熱的人情と

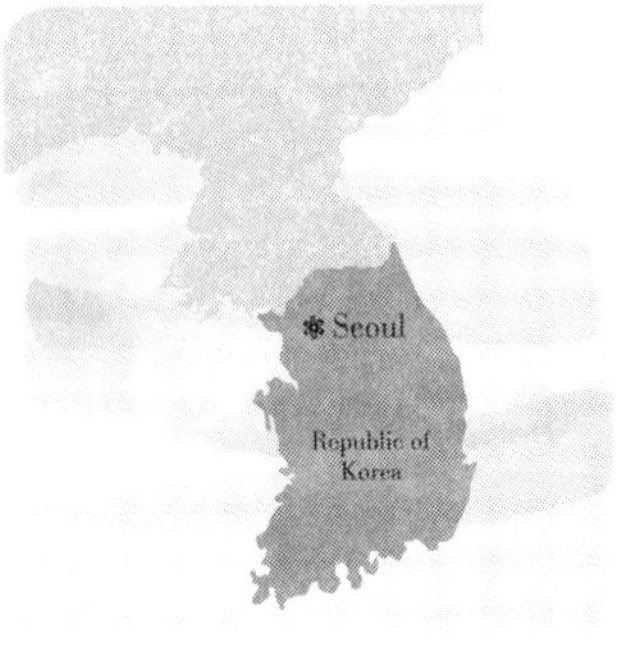

美容大国・韓国の「カッサ」とは

「カッサ」ってご存じですか?

少し前、美魔女が話題になったときに聞いたことがある方も多いのでは? 大まかなイメージは、小顔になる施術! たまらないでしょ〜。

カッサプレートなる道具で顔を擦って、たまった老廃物を押し流しむくみを解消、結果フェイスラインが上がって目もぱっちりするそうな。さらには、擦る刺激でコリもほぐれて表情が豊かになったり、皮膚の下が発熱して肌色が明るくなったりもするそうで。最高でしょ。

カッサは中国、台湾、韓国などに根づいているけど、美魔女さんがソウルでもやっているのをはじめに聞いたから、個人的には「ソウルでカッサ」が合い言葉になっていた。

いよいよソウルを訪れることになったのはある冬の初めで、とった航空券は24時間滞在、1泊2日のホテルもセットになった安い弾丸チケットだった。

なんとホテルや燃油サーチャージと税金込みで、2万円でお釣りがくるってすごい。ただ……ソウルはお初。右も左もわからない新参者が、24時間だけひとりで滞在したところで、果たして有意義に過ごせるのかはなはだ疑問だったけど。でも、安心してください、すっごく楽しかったから、きっとあなたも楽しめます。

午後3時すぎ、仁川《インチヨン》国際空港に到着すると、ソウルへ向かうべく、空港鉄道の「A'REX」に乗ろうと直結している駅へ行く。チケットを買ってホームへと降りると、すでに電車は停まっていた。

撮りたいな。なぜってわたしは旅中だけ、乗り物オタク。自分を知らない土地へと運んでくれる電車やバスを、なんでも記録しておきたくなるんだ。

荷物も多いことだし、ひとまず席を確認してからにしよう。チケットに書かれた番号のイスに荷物を置いて、再びホームへ。すると、

「ほら並びなさい、撮るわよ！」

中から韓国なまりの日本語を操るおばちゃんが出てきて、すごい勢いでうら若き女

性車掌さんとわたしを電車の前に並べる。そして、わたしが手に持っているiPhoneを指差し、「貸して」のサイン。なぜか素直にサッと手渡すわたし。おばちゃんはすぐさま、パシャパシャパシャ。

う〜ん、勢いと音量とテンポがすごい。意思表示する暇なし。あ、ちなみにこの写真はブレブレね（笑）。

「中おいで、中！」

おばちゃんはそう言うと、わたしの手にiPhoneをパッと戻してサッと車内へ入って行った。車掌さんにお礼を言うと、素直におばちゃんを追いかける。

「荷物移動して、こっちこっち！」

ぽんぽんと、おばちゃんは自分の隣の席をたたく。

お隣に移動するの正直イヤなんだけど、まだ電車そのものの写真を撮っていないんだけど。なぜだろう、やっぱり素直に荷物を運ぶわたし。はい、そうこうするうちに電車は出発しましたよ。

わたしったら完璧言いなり、おばちゃんの信者か（笑）。

「どこに泊まるの？　あら決まってるの。『チムジルバン』知ってる？　韓国のスーパー銭湯よ、安いし泊まれるのよ。そっちにしなさいよ、わたしは今回4泊するしね！」

ん、4泊できるスーパー銭湯ってどういうこと？　意味不明で気になるな〜。

それからも続く続く、声高早口のマシンガントーク。

おばちゃんは韓国の地方出身で、今は静岡に住んでいるそうな。今回は仕事があってソウルに来たとか。日本の思い出話もたっぷりしてくれて、わたしのケータイ番号を何度も聞いて（笑）。あっという間の45分間が過ぎ、ソウルに到着した。

「じゃあね」

おばちゃんは、スッと立ち上がると、車両で一番先に出口へと消えて行きましたとさ。

去り際だけ、めっちゃクール（笑）。

「百済参鶏湯」を目指して

ホテルに到着してひと休みすると夜の8時過ぎ。さあさ夕飯に出かけよー。ソウルの原宿・明洞《ミョンドン》にある「百済参鶏湯《ペクチェサムゲタン》」というお店に行こうと思って。

出発前に、ソウルへ仕事で何十回も行っている知人が教えてくれたんだ。

「『百済参鶏湯』は必ず行くんだ、参鶏湯の老舗だよ。なんかすっきりしてるんだよね。明洞にあって便利だしさ」

参鶏湯は丸ごと鶏一羽の中に、餅米、高麗人参、栗、ナツメ等を詰め込んで煮込むスタミナ料理で、日本の土用の丑の日の鰻的な存在だ。コラーゲンもたっぷりで、美肌効果も高いといわれてる。そうだ、カッサでキレイになる旅の食事にはぴったりでしょ。

メトロの明洞駅6番出口から、メインストリートを5分ほど歩いて細い道に入ると「百済参鶏湯」の看板が現れた。看板には「創業四十三年」の文字が。期待が高まる！

まぁ、後で調べたら1965年にオープンとなってたけどね。だったら訪れた2015年は、50周年ってことじゃない。そこはちゃんと直しといた方がいいと思う（笑）。

さて、百済参鶏湯は建物の2階にあった。

入店したのは夜9時頃。閉店は10時なのに、地元の老若男女が順調に入店しては出て行く。仕事帰り風の若い男女や、年配のご夫婦など、カップル率が高く落ち着いた雰囲気だ。みんな、だいぶ自分の食事に集中してて、あんまり会話をしない。お店のおかあさんスタッフたちは、配膳の合間にフロアのはじのテレビで流れてるドラマに集中してる。

メニューには、参鶏湯のバリエーションが色々載っていたけど、王道の参鶏湯（1万5000ウォン＝約1500円）を注文。

すぐに、カクテキ、白菜キムチ、ニンニクキムチ、小豆のおこわと、お猪口に入った温かくて黄色い液体が運ばれてきた。食前酒のサービスかな？　お酒は激弱だけど大好きなんだ。グビッとすぐさま半分飲む。くわぁ〜強い。強いし苦いし、なんだこれ。

後で聞くと高麗人参酒だったそうな。参鶏湯のお店ではよく出されるみたい。健康にはよさそうね。アルコール度数は25度くらいとのこと。焼酎くらいかな。

それにしても、カクテキのおいしさったら、さすが本場。こりっとしてるし、しっとりもしてる。両方がいい塩梅に共存してる食感と、奥深い旨みがたまらない。あ、辛いです、たぶん。カレーの中辛を所望する人には辛いかな。

そしてメインの参鶏湯登場。

ひとり用の鉄鍋に、ぐつぐつ煮えたぎった状態で運ばれてきた。テンション上がる〜。

周りを見ると、スプーンと鉄のお箸を鍋の中で器用に操って鶏をほぐし、そのまま口に運んでいる人が多い。真似してみると……あっついんだよな〜！　韓国の人って、熱さとか辛さとか、刺激に強すぎだよね？　韓流ドラマが刺激的すぎる展開というのは、刺激的な食事をする人の発想だと心から納得できる。

わたしは小皿に移して、さましながら食べる。スープがたまらなくおいしい！　口の中はま〜ったり、なのに飲み込む感じはすっきり。不思議。いろんな旨みが交錯していて、とっても立体的な味……うっとりだ。

鶏はしっとりむっちり、いくらでもいける。餅米もたっぷりだから、全部食べられるとはとうてい思えないけど、この全てが凝縮したようなスープを飲めば、美肌効果はがっちりいただける気がする。

マシンガンおばちゃんに聞いた、チムジルバンへ

明洞をほっつき歩いたら、あっという間に夜の11時前。もちろんホテルには戻りません。

あの空港電車で出会ったマシンガントークのおばちゃんが教えてくれた、韓国版スーパー銭湯の「チムジルバン」へ行こうかな。

スーパー銭湯なら日本で充分って思ったあなた！

それは違います。体験してわかった大きな違いを先に言うと、「人々のゴロゴロ度」が格段に激しいんだから！

チムジルバンに行く人の目的は、だだっ広い床スペースで思いっきり脱力して周りの人々とふれあい、老若男女が親睦を深めることなのでは？　ちょっと想像してみて……そんな銭湯、日本にはあったもんじゃないでしょ。

ともあれ、わたしは「スパ・レックス」というチムジルバンの情報をホテルの人に聞いたので、そこにしよう。

場所は、ホテル最寄りの東大門《トンデムン》歴史文化公園駅に直結する「グッドモーニングシテ

イ」なる商業施設の地下3、4階。ここなら終電後だって歩いて帰れるからのんびりできる。タクシー代とタクシーを捕まえる煩わしさがないってお気軽でいいでしょ。

メトロで駅に着くと……直結しているはずの入り口がわからない。あっという間にあきらめて、14番出口から地上に上がってみると、前方左手の建物が、目指すグッドモーニングシティだった。うん、この行き方はわかりやすくてオススメです。

正面から入ると、目の前に広がるショッピングエリアはもう閉まっていたけど、左手にあるエレベーターで地下3階までどうぞ。

エレベーターを降りたら左側が「スパ・レックス」の入り口だった。扉を開けるとすぐレセプションで、そこには女性がひとり、表情なく立っていた。深夜業務をこなすための淡々モードなのかな。わかりやすい料金表が立ててあるからサッと払ってしまおう。朝5時〜夜8時が8000ウォン（約800円）、それ以降が1万2000ウォン（約1200円）ね。まぁ、日本のスーパー銭湯よりちょっと安いくらいかな。

「アニョハセヨ、制限時間ありますか？」

「ないわよ」

「え、そうなの？　じゃあ……あさっての夜までいても同じ料金？」

ねえさん、ニヤリ。

「そうよ」

「1万2000ウォンで⁉」

オレンジ色の館内着に着替える。ロッカーは鍵つき。
わたしは一眼レフカメラも、お金も全部ココに入れた。

ねえさんニヤリ、アゲイン。

「出なければずっと同じ料金よ」

　おぉ、そのニヤリは、もしや挑戦状か？　できるものならやってごらんなさいって？　ふられると期待に応えたくなるんだよね。て、ふやけるわっ！　普通に観光客したいわっ。その試合、謹んで放棄させていただきます。

　ともあれ、オレンジの大きいタオル2枚とオレンジのチムジル服（館内着）、それにロッカーの鍵を受け取る。

そこに2人組の女性がスーツケースを転がしつつ入店して来た。するとおねえさんは、2人が何も言わないうちから、すっと受け取って隣の部屋へ持って行った。流れはスムーズ。なるほど、大きな荷物はここで預かってもらえるのか。

靴箱エリアへ行き、受け取った鍵に書かれた番号を探す。まぁ、入れたいのは膝下までの長靴だから、きっと納まらないのだろうけど一応チェックね。と思ったら、奥行きがあってまんまとすっぽり入った。ベンリベンリ。

そして靴箱から右へ進むと、男女別浴エリアに。きっとカップルや家族で訪れた人たちは、ここで出た後の待ち合わせをするんだよね。よろしいですなぁ。わたしはひとりなのでさっさと女性エリアの扉を開ける。そこにはすぐに売店が。

おおお？　なんかある、ありますよ！　威光を放ち、まぶしく目に飛び込んできたそれは……スケスケのボディスーツ♥……なんでよ（笑）？

そのスケスケを着た胴体だけマネキンにかぶせられているのは、レースとフェイクファーを多用した貴婦人ハット♡　だから、なんでよ（笑）？

さらに隣には、白とピンクのラブリーなセット下着と、ポリス風のキャップをかざした胴体マネキン、奥にはアニマル柄の下着セットの数々が並ぶ……意味不明。

まさかチムジルバンって、エッチなところじゃないよねぇ？　マシンガントークのおばちゃん、勧めてくれてたし。

うーんと、きっとあれだ。女性はサウナやエステで磨かれると、自信が増殖するから（？）。アグレッシブな気分になってセクシーな下着がほしくなる（？）。そんなニーズに答えるべく、店員さんがそろえたラインナップがこれだったという理論でどうだ。センスに多少の残念感はあるものの、つっ込みがいがあるからそれでよし。

他に並んでいる商品は、やけにファンシーなサンダルや偽ブランドポーチ、ネコやふくろうモチーフの大阪のおばちゃん風派手柄上下セットの服、さらに横には……キリがないからやめます（笑）。

ロッカーエリアへ行くと、あらら、みんな素っ裸でとことことこ。前をしっかり見据えた堂々たる歩きっぷりだ。いえ、その先はお風呂だから、正しい歩き方だと思うけど。ほら、日本だとタオルで体を隠してたりするでしょ、そういうの一切なしで、だいぶ潔くってね。

さあ、さっそくお風呂。わたしも周りのみなさんに倣って堂々と素っ裸でまいります（笑）。

まずシャワーを浴びようと、適当な場所で座った。

おや？　あっちのおばちゃんがわたしに向かって何か言ってるみたい？　アクションや表情がわかりやすいんだよね、ほんと助かる。

たぶん、「そこ、わたしの席！」って言ってるんでしょ？

そうか、鏡の前にある石けんは備えつけのものかと思ってたけど、彼女のもので、席とり用に置いてたのね。ごめんなさいよ。

そういえば。日本だと「石けん置きっぱなしにしてすいません〜、どうぞどうぞ」になりそうだけど、なるほど、文化の違いってやっぱりおもしろい。

ちなみに、シャンプーやコンディショナー、ボディソープなどの備品はなかった。あったのは固形石けんのみ。

ついでにアメニティ関係の話をすると、メイクアップエリアには、化粧水やクリームなどスキンケア系なども一切ない。ぜひ持って行って。ドライヤーは有料で使えます。あ……もしかしたら、あのスケスケボディスーツの売店でお風呂セットも買えるのかもしれない。陳列商品のインパクトにやられて、確認する気がまわらなかった……。

ただ、この建物「グッドモーニングシティ」のエレベーターを地下3階で降りて、レセプションと反対の右側に行くとすぐ、コスメ屋さんがあった。なかなかいい商品も扱っていたし、夜中の3時過ぎでも開いてたから、もし忘れたらそこで買うといいかも。

浴槽はいくつかあって、38度、42度など温度設定が異なる。日本のスーパー銭湯にあるような、立ち湯ジャグジーつき、寝湯、壺湯……などなど、浴槽自体がこっているものはなかったけど、まぁ、お風呂としては充分だと思う。

お風呂場の奥には別料金2万ウォン（約2000円）の垢すりエリアもあった。恰幅のいいおばちゃんが黒ビキニで、胸をゆっさゆっささせながら施術してて、雰囲気あるよ（笑）。

ほどよく温まったら、お風呂は終わりにしようかな。ロッカーに戻り、お待ちかねのチムジル服になる。オレンジの綿の半袖半ズボン。胸元には「スパ・レックス」のロゴが入っていて、急にここの常連さんになった気分になるから不思議だなぁ。

ヨモギ蒸しを予約して「汗蒸幕」へ

さあ、下のフロアに行ってみよう。「汗蒸幕《ハンジュンマク》」という伝統サウナがあるらしいから。他にもきっと色々あるはずだし、何が待ってるのか楽しみ。

ロッカーに鍵をかけようとして、ふと思う。スマートフォンは持って降りてもいいのかな？　ここのフロアはお風呂がすぐそこにあるから、裸の人だらけだけど、スマホを操作してる人はわりといるんだよね。スマホにはカメラ機能もついてるのに、みんな気にしていないみたい？　おおらかだな。きっと下の階でも同じだよね。そのとき、

「おねえさん、ヨモギ蒸しつるつる（日本語）」

と、おばちゃんがニコニコと話しかけてきた。あ、それ、よく聞くやつだ。何かを体にすっぽりかぶって、その中をヨモギの蒸気で満たし自分自身を蒸し上げる施術で

しょ？　実態を知らないから興味あるな。

「うん、やる！　汗蒸幕の後ね」

「予約1万2000ウォン（約1200円）」

にっこりと手を出す。

「今？　うん、わかった」

素直にロッカーからお金を取り出し、おばちゃんに渡す。おばちゃん、ニコニコしてるだけ。

「チケットないの？」

レシートでもなんでもいいけど、払った証がないと後で面倒なことになりかねない。

「だいじょうぶだいじょうぶ」

え、ほんとかな……チラと不安がよぎる……でもまぁ、ニコニコだからいいかぁ。笑顔の説得力ってすごいな。あ、簡単に納得しちゃう自分もなかなか（笑）。

さて、階段で地下4階へ。フロアの入り口に立つと、薄暗～。そしてけっこう静か。目の前に広がるスペースは、だだっ広い床が続く。

で、そこには人が、ゴロゴロゴロ……。突然、大量の人々が、床に直で、ゴロゴロ。みんなおしゃべりしたり、テレビ見たり、スマホいじったり、ガン寝したり。ゆ、ゆるい～（笑）。

あまりに無造作感がいっぱいなので、一瞬脳みそが戸惑った。これは公共の場所なんだろうか？　大きな団体の温泉旅館宴会のなれの果てなのでは？

まぁそんなはずはないし。脳みそは、この状況をうまく把握して受け入れるために、自分の過去のデータにすがろうとした。こんなシーンに巡り合ったことあったかな？……すぐには浮かばないから、これは本当に独特な世界観なんだろうな。

この、「赤の他人皆の衆でゴロゴロだれだれ！」こそが、韓国のスーパー銭湯・チムジルバンの味わいだろう。

奥へ行くと、石造のかまくら的なものを発見。これじゃない？　伝統サウナの汗蒸幕って。それにしても、フロアにポンと設置されているのはおもむろすぎる。更衣室はどこさ？　それに、２つ並んでいるのはなんだ？　男性用と女性用かな。

少し様子を見ていると、右のかまくらもどきからチムジル服を着たカップルが出てきた。

そうか、岩盤浴みたいな感覚で、服を着たまま男女一緒に使える施設なんだ。

では２つある訳は……入り口に近づくと、それぞれには、92度と１１６度の温度表示が出ていた。なるほど温度の差だったか。個人的には１００度以下なら「ぬるい」と判断するけど、それは温泉文化が浸透する日本人だからかな。世界の一般的な感覚では92度って充分な高温でしょ。両方とも高温設定とは、なんだか韓国らしい熱烈さを感じていいな。では、92度からお邪魔します。

深夜12時すぎ、いたのはおじさんひとり。

これが韓国の伝統サウナ「汗蒸幕」。昔の人の住居跡を発見した気分だった。

「アニョハセヨ〜」

おじさん、ちらりとコチラを見て「うむ」とばかりにうなずく。

表情は「無心」そのもの。汗をたらたら流し、あぐらをかいて固まり続け……うん、背景に見えるのは、「忍耐」の二文字。いやいやそんなぁ、それはちょっと大げさでしょ〜。ココロの中は完全に上から目線、日本の温泉で培ったサウナっぷりをご覧に入れましょう。ペタンと体育座りになった。で、1分、2分、3分……あっつい!!

いやこれ、本当に92度？　自分は余裕のはずだったんだけど、火照る速度と質が違うよね!?　なるほど、おじさんが「忍耐」背負うわけだ。

ココロを無にして熱さを忘れるべきでしょう。まぁ、わたしは無にするなんて到底できないだろうから、気を散らす作戦にしようかな。せっかく人もいないし、10人くらいは入れそうなスペースもあるし、ホットヨガ気分になればいいんじゃない？　以前ハマってたそれを思い出して動き始める……逆効果でした。熱さ倍増、もうムリ〜。

「お先に（日本語）」

と無心のおっちゃんに軽くお辞儀をして出て行くときの敗北感ったら。心の中は拍手でいっぱい。スゴいよ、おっちゃん。

おばちゃんが「4泊するよ」と言った意味

外へ出ると、ちょうどもうひとつの汗蒸幕からも人が出てきて、向かいにある部屋へ入って行った。つられてその部屋の前へ行くと、なるほど、扉の上に1・6度の表示がある。クールダウン用の駆け込み寺に違いない。サウナ脇の水風呂がわりかな。わたしも助けて！

扉を開けると、ひんやりした空気が漂ってきた。

う〜ん、ここちいい。部屋に入ってスーーーッと大きく深呼吸、冷たい空気があぁおいし。開放感でいっぱい、生き返るぅ。壁には、なんともリアルなタッチで今にも動きだしそうな北極熊の絵が。そうかここは北極の設定なんだ。

さらにもうひとつ奥の部屋へと続く扉を開けると、空気はさらにキンッキンに冷えきっている。スーッと、一瞬きもちがよかった。そう、一瞬ね……これ、絶対氷点下でしょ、やりすぎだよね？

ところで、どこの国でもサウナで温まった後は水風呂やら湖やら、なにかの手段で体を冷やすけど。あれには体温調節以上の意味があるそうな。

急激な体温の変化にともなって、細胞も収縮したりゆるんだりする。その一気にゆるむときに生まれるリラックスモードが、自律神経を整えるんだって。それがストレス解消や不眠の改善、疲労回復につながるとか。

さぁ冷えきった体を温めに、再びの汗蒸幕へ。今度は命知らずの116度！

……つべこべ言わずにさっさと撤退しました。

それにしても、なんであんなに熱く感じたのだろう。後で調べると、汗蒸幕は石と黄土でできていて、その黄土が遠赤外線を発するそう。

遠赤外線といえば、モノを内側から温めることで有名なあれでしょ。なるほど、頭のてっぺんからつま先まで全身でそれを浴びたら、一気に体の芯から火照るはずだ。新陳代謝がぐんと高まるんだろうなぁ。

その後、地下3階の女性エリアへ戻ると、入り口の売店の脇に、薄暗い部屋があるのに気づいた。2段ベッドが並んでいて、誰でも使えるみたい。

ようやく、空港鉄道のマシンガントークおばちゃんが「チムジルバンに4泊するよ」と言っていたことの本気度がつかめた。

ドーナツ座布団イスの下にあるのは、よもぎを蒸すための電気器具。このイスに座ってポンチョをかぶって、体内を蒸す。

階下のゴロゴロ地帯で雑魚寝して過ごすのも、まああありだけど、わたしなら一晩で充分だ。でもこの静かなベッドルームがあるなら、数日泊まるのも無理ではないかも。とはいえ、このときはひとりもベッドを使っていなかったけどね。

さて、支払いずみのヨモギ蒸しに行ってみようかな。フロアに入っておばちゃんに声をかけると、すぐに気づいてくれた。

「アニョハセヨ〜」

ほら、すっとぼけられることなんてなかったよ。

それにしても、あいかわらずニッコニコ。和むな〜。もう深夜1時過ぎなのにね。昼間にたっぷり寝ているとしても感心する。「お風呂で汗を流して。それから裸で来てね」

なので、なんの躊躇《ちゅうちょ》もなく素っ裸で、服

を着たおばちゃんのもとへ戻ったけど、今想像すると不思議な光景だ（笑）。まぁ、現場でしかできないことなんて、山ほどあるものだからいいか。

さっそく、10畳くらいのヨモギ蒸し部屋に通される。壁際には、イスが30センチくらいの間隔で並んでいる。ちなみにイスの座面はドーナツ座布団みたいに丸く穴が開いていて、パッと見はナゾ。でも座り仕事の多い人だったら反応しちゃうよね、お尻にやさしそうだもの。わたしもぜひほしい（笑）。

てるてる坊主状態で下から蒸されるわたし

「コレ、かぶってね」

おばちゃんに紫色のポンチョを手渡されたので、さっそくかぶってみると、足先まですっぽり覆われ、てるてる坊主みたい。ちなみに、分厚いナイロン製で、熱も水分も一切逃しませんといった風情だ。するとおばちゃんは、2枚のタオルを持ってきて、スルスルとわたしの髪全体を包み込んでアップにした。

そしてわたしを残して部屋を出る。ほどなく洗面器型の何かを持って再登場。なんだかいい香りが。

「ヨモギ？」

「そうそう、オイルとお湯とヨモギ」

それをイスの下に置いてある器具に載せてスイッチオン、温めているみたい。

「座って。足はイスの上」

座ると、ポンチョの中にイスが完全に入り込むようセットしてくれた。まもなく、イスの穴からヨモギの蒸気が上がってくる。なるほど、こうしてポンチョの中をヨモギ蒸気で満たして体ごと蒸すから、ヨモギ蒸しなんだ。

適当に足を上げていたけど、おばちゃんの足位置チェックが入る。体育座りして立てた膝を左右に開くのが正解だった。ポンチョをかぶってるとはいえちょっとやらしいよね（笑）。けど、ここは女の園ですから。

「はい、ザクロジュース」

隣のテーブルにストローのささった特大コップを置いてくれた。ザクロはビタミンたっぷりで、女性ホルモンのエストロゲンと似た働きもしてくれるから美容にいいと評判。ちょっとした気遣いがうれしい。

そうこうしているうちに、だんだん蒸気が熱くなり、このセラピーの一番の狙いがよく理解できた。蒸気が膣に直撃！　まさか、膣の直蒸しセラピーだったとは。なんて大胆な。膣からヨモギ蒸気を直接体内に入れ込むという仕組みでしょ。

ところで、ヨモギ蒸しの効果をあとで調べると、生理不順や便秘、冷え性や不妊症に効くそうな。なるほど、膣辺り関係に効くのはとっても理解しやすい。また、美白や美肌、ダイエットにもいいというからスゴイ。ソウルに行ったら絶対またやるな。

う～ん、新しい。いや、伝統的にずっとやってきたのだろうし、もちろん名前はずっと知っていた。でも、いろんな国のセラピーを受けてきて、まるでお初の部類の経験だったんだ。

……そんなノリノリなテンションは、あっという間に打ち砕かれた。だって熱い！　熱いんだよ、膣が火傷しちゃうよ～、それはやばいでしょ。

かといって、ヨモギ蒸気を体内に満たすのはいいこととしか思えない。いや、内側からだけでなく、体全体の皮膚からもいい成分が染み込んでるのはイメージがつく。熱いけど、がんばろうよ……お尻の位置をもぞもぞと動かしながら、弱々しく自分を励まし続ける。

なんといっても、動けないのはいたい。てるてる坊主状態で手も使えないから手持ち無沙汰だし、イスから落ちそうで眠るわけにもいかないし、ついてるテレビもよくわかんないし……気を散らす方法がないのはやっかいだな。

「やればやるほどお肌つるもち、やればやるほど……」

呪文のように心の中で唱え、どうにかこうにか耐え切りました。長かったよ～40分。あぁ、ポンチョを脱いだときの開放感ったら。

さてと、お風呂で体を流して帰りましょ。借りたタオルはロッカーの辺りにあるバスケットに入れ、レセプションで鍵を返したらさようなら。時計を見ると、あらまぁ深夜3時。11時に入店したから、4時間もいたことになる。一分一秒が新しいことづくめで、おもしろいチムジルバン体験でありました、大満足！

いよいよ、メインイベントのカッサに挑戦

翌朝6時半。滞在24時間ということで、早起きだ。

宿泊中のヨンビンホテルの地下にある大浴場へ行ってみる。設備はスパ・レックスの小規模版で、ちゃんと垢擦りおばちゃんも、黒いビキニでスタンバイしてた。朝っぱらから擦られたい人なんているのかな。お湯につかりつつぼんやり見てたら、ちゃんとお客さんがやってきて、さっそくガシゴシやられてる。激しいな〜！　お客はたぶん韓国人のおばちゃん。

「アニョハセヨ〜」

サウナで一緒になったおばちゃんに話しかける。サウナの距離感は便利だな。お風呂よりお隣さんとぐっと近づくから親近感を抱きやすい。

ところでおばちゃんもこのホテルに朝っぱらからいるということは、きっと宿泊客だよね。どこから来たのかな、用事があるのかな。ちょっと聞いてみよう。

「観光でソウルに来たの？」

「アニョハセヨ。近所に住んでるのよ」

おばちゃんはギリギリの英語で教えてくれる。あ、わたしくらいの英語力ね（笑）。

「へぇ。わざわざホテルまで、早朝からお風呂入りに？」

「そうよ〜。よく来るのよ」

なるほど、ヨンビンホテルの大浴場は日本の下町銭湯的な使い方もされてるんだな……て、まだ7時前だけど。

後で聞くと、韓国の銭湯は、早朝から夜8時くらいまでのところが多いそうな。まぁ、日本と同じく、街の銭湯はどんどん減ってるらしいけどね。

そして顔を洗って……はぁ、しあわせ。ほっぺがつるつるで、触るのが楽しくて仕方ないんだよね。絶対ゆうべの汗蒸幕とヨモギ蒸しの効果に違いない。もしかしたら参鶏湯もかな。


さて、お待ちかねのカッサは11時から「ソウルエステ」で。ホテルでキムチたっぷりの朝食をすませ、おさんぽしつつ、明洞へ向かう。

図らずも、また明洞駅。寝る前にiPhoneで調べて予約を入れたのだけど……。

カッサを扱うサロンは選びたい放題かと思っていたら、ぜんぜん調べがつかなかったのが意外だった。そういえば、事前にソウル経験豊富な友だちに聞いてみても、カッサは未体験だったし、ガイドブックにもカッサを手がけるサロンは取り上げられていなかったんだよね。美魔女さんがソウルでやってたのになぁ。

それでも検索しまくって、なんとかカッサも含まれるコースのあるサロン「ソウルエステ」を発見したという次第。そのコースは「スム37° 美白、弾力」という名前で、1時間6万ウォン（約6000円）だ。

不思議なコース名でしょ。「スム37°」というのは、韓国で話題の高級発酵化粧品ブランドとのこと。それをたっぷり使って、カッサも含めいろんなトリートメントを60分間繰り広げると、美白効果と弾力回復につながるそうな。実は的確なネーミングなのね。

ところで、そのブランドの名前の由来だけど「スム」は韓国語で「呼吸」の意味、成分を発酵させる温度が37度、ということからきているそうな。


ソウルエステの場所は明洞駅から歩いて5、6分。6番出口から地上に出たら、左へ直進……見るものの雰囲気がいろいろデジャブ……なんということでしょう、ゆうべ訪れたお店、「百済参鶏湯」の向かいの建物の3階だった（笑）。

3階までは階段を使う。時間ギリギリだから早足だ。少々息を切らし、ソウルエステの扉を開ける。

「アニョハセヨ〜」

お店の奥から女性がニコニコしながら出てきた。

「こんにちは、ゆっくりどうぞ」

わたしがあわて気味だったことをちゃんと見抜いてるんだ。あ、そういえば日本語だ。

「そこにかけてくださいね、今トウモロコシ茶淹れてきます」

いや〜、うれしい。寒い日に、見知らぬ地でひとりぼっちのわたくし。温かい一杯をいただける気遣いが、ココロをほぐしてくれるのよ〜。

「キムと申します。今日はよろしくお願いいたします」

ささやきボイスが色っぽいなあ。オレンジ色のソファに座って、しばし雑談。

「日本語ペラペラですね、日本で勉強したのですか？」

「いいえ、好きだから習ってました」

へ〜。勉強熱心なのにも感心するし、自分の国にそんな愛情を抱いてもらえるなんて、やっぱりうれしい、親近感わいちゃうよね。

ほっとひと息ついたらトリートメントルームへ移動。廊下を歩きつつ店内を見回すと、全体的にオレンジと白が基調になっているガーリーな雰囲気で、気分が上がる。

通されたのは一番奥の部屋で、ベッドが5台並んでいた。このときはわたししかいなかったので、結果的にプライベートルーム。他のお客さんがいるときは、レースのカーテンで仕切って個室感を演出するらしい。

「コレに着替えてくださいね、外で待ってます」

施術着をわたしに渡すと、部屋を出て行った。

そういえば、下着はどうするのかな。ボディのエステやマッサージでは、下着も脱ぐけど。まぁ……今日はフェイシャルコースだから、脱がなくてもいいはずだよね。

ただ、よりラクチンな格好の方がきもちよさは倍増しそう。じゃ、ブラはとろう。

でもタイツははいていた方がぽかぽか効果でもっときもちいいかも。そんなわけで、
上半身は裸で、下半身はタイツをはいたまま施術着を着る。

キムさんが戻ってくるとベッドに仰向けになる。あれれ、すでにきもちいい。

「電気マットなんですよ〜」

そう言いながら毛布をかけてくれた。

岩盤浴でごろりとしながらエステを受けるみたいじゃない。しあわせ増量ベッドだなぁ。

絶妙なフェイシャルマッサージ

さて、初めはクレンジング。日焼け止めも塗っていない本気のスッピンだったけど、自分がする普段のクレンジングでは、汚れを落とし切れていないかもしれない。適当だからさ。それに、スム37°のクレンジングクリームは低刺激で、美容成分も豊富に配合されているらしいので、ぜひやっていただきたい。

キムさんは、クレンジングをしながら肌の状態を細かくチェック。

「鼻の毛穴が気になりますね。黒ずみ除去をプラスした方がいいと思うけど。1万ウ

ォンかかりますが、どうしましょう？」

え、そうなの？　プロに言われるとだいぶショック。普段から鼻の毛穴の角栓ケアにはだいぶ気を使っていて、週2回はピーリングをしているから、褒められるイメージしかなかったのに。ときどき第三者の目でくまなく見てもらうのは本当に大切だなぁ、悪化する前に知ることができてよかったなぁ。でも。

「うーん、今回はいいです」

だって、これまでのやさしい会話が、全て営業トークだったと思っても不思議はないでしょ？　いやそりゃ、仕事だし。営業トークはあってしかるべきです。知ってて乗るのも心意気だ。でも、乗りたくない気持ちもわかるでしょ（笑）。

さて、1回目のクレンジングを終えたら、「デトックスマスク」なる、角質除去クレンジング。液体を塗って少しすると、実況中継が入る。

「泡になってきましたよ〜」

「泡？」

「クレンジング剤が毛穴に入ってからだんだん泡になるんです。スチーマーもあてて、浸透効果、上げますね。顔色がワントーン明るくなりますよ」

確かに、いかにも毛穴の奥の汚れが浮き上がってきそうで期待しちゃう。だって、話題の炭酸水洗顔と似ている気がするもの。炭酸は皮脂やタンパク質汚れと結びつきやすく、気泡が汚れを吸着するから、よりキレイな洗い上がりになるんでしょ。

「このままマッサージします」

そう言うと、施術着を胸ギリギリの辺りまでグッと下げ、デコルテから首のライン、あごの裏もすみずみまで。しっかりしっかり、ゴシゴシぎゅーぎゅー、けっこうな強さできもちいい！　リラクゼーション的なマッサージのきもちよさとはまるで違う、韓国ドラマの激しさを彷彿《ほうふつ》させる強さ加減だ。キムさんの細い腕から、こんなワイルドなマッサージが繰り広げられるとは、ギャップ萌えだわ～。

「フェイシャルエステで……こんな丁寧な……マッサージあるなんて……思わなかった……なぁ……」

すでに脱力し切ってるし、定期的に圧力がかかるから、言葉がとぎれとぎれ（笑）。それでも、伝えずにはいられないほど、感激してるんだから。

「デコルテは大切ですよ、ここの老廃物を流せば、顔のむくみがとれるんです。フェイスラインも引き締まりますよ～」

なるほど。デコルテも顔も、全てつながってるものね。洗顔するときは首まで洗う習慣がある韓国人的な発想かな。体のパーツを個々では捉えていないんだろうな。体全体のつながったパーツのうちのひとつ、という見方が強いのかもしれない。

ほんとブラを取っていたのは大正解。今までいろんな国のフェイシャルエステを受けた気がするけど、ブラが邪魔になりそうなほど丁寧なデコルテマッサージがついたのは初めてじゃないかな。

すっかり揉みほぐされた後、角質除去の泡を拭き取る。

「次は高周波ですよ」

出た！　それ、よく美容製品で聞く単語だから、いつだって気になっているんだ。

高周波は電磁波の中でも周波数が高いから、お肌の真皮層まで到達するそうな。

するとそこが発熱して血行がよくなり、新陳代謝が活発になって、老廃物が排出されると。

余計なものがなくなれば、つるんとしたくすみのない白い肌になるのは想像がつくし、ハリだって出そうでしょ。コラーゲンの再生も促すとか、筋肉をほぐすとか……いくらでも恩恵にあやかりたい。

キムさんは、腰丈ほどの高さのマシンを引き寄せると、そこからコードでつながったヘラのようなものをわたしの顔の上でぐるぐる滑らせた。

うん、いい効果の手応え、なし（笑）。電磁波を浴びている実感なんてないさ。でも信じる力って本当にすごい。どんどんお肌が活性化されていく気はして、気分は上がるんだよね。

カッサは中国古来の民間療法

「カッサを楽しみにしていたのですよね。高周波で血行がよくなったから、次はカッサですよ」

やったー、待ってました！

カッサは中国古来の民間療法で、漢字で書くと「刮痧」。「刮」の意味は「擦る、削る、えぐる」など。「痧」は「滞った悪い血液や老廃物」。皮膚を擦って刺激し、滞った毒素を排出させることで、美容や健康に役立てるのだそう。擦る道具は「カッサプレート」と呼ばれるヘラのようなもので、擦るところは東洋医学の概念「経絡」だ。

「滞った毒素を排出する」って、なんて魅力的な響きなの！　個人的にはそれだけでもう、ソウルを訪れる要因になる。

けど「経絡」を擦ると言われてもね。それってどこよ。カッサに期待していることのひとつは、毎日のスキンケアに取り入れることなので、擦るところはちゃんと知りたいし、納得感も是非ほしい。

調べると、経絡とは〝気血の通り道〟なんだそう。

ふ〜ん、そうか。で、気血ってなんだ？

あまりにも堂々と、短い文章の中に知らない単語が並ぶので、改めてカッサの属する東洋医学と、普段日本で触れている西洋医学の世界の違いを感じてしまう。めげずに経絡と気血についてあちこちで読むと、気血とは、「元気と血液」なんだとか。それって並列で使う言葉なの？　ムダにテンションの高い元気なこびとが、経絡なる管の中を、どくどく流れる血の波に乗って進んで行く図しか浮かばない……。

その結果わかったのは「気」はやる気・根気・元気などの「気」そのもので、東洋医学では物質として捉えているそうな。『ドラゴンボール』に元気玉が出てくるのはそんな考えの延長なのでは？

さらには、「気」にはちゃんと原料もあるとか。それは、食べ物から得る栄養、酸素、生まれ持つエネルギー。

「経絡」はその気血の通り道であって、内臓と体表、頭から手足の先までを貫いて結びつける大切なルートだそう。全身には左右14ずつ、計28の経絡があって、その上に670のツボがあるそうな。たくさんだなー！

とはいえ、経絡もツボも概念であって、ものとして西洋医学的なエックス線写真に写るわけでも、解剖して取り出せるものでもない。でも、それらを調整することで多くの不調を改善してきた東洋医学の成果はしっかり積み重なっているわけで。

見えるもののみを事実として扱っている西洋医学と、目に映らない概念も物事の要因として認識する東洋医学。世界観が違いすぎる。

さあ、顔にも通る経絡をカッサプレートで刺激してもらいましょ。むくみ解消で小顔にしてもらいましょ。コリをほぐして表情豊かに、皮膚の下を発熱させて肌色を明るくしてもらいましょ。

「キムさんのカッサプレートの素材はなんですか？」

「わたしは木がいいなと思っていますよ」

そう言って、愛用のカッサプレートを見せてくれた。木のプレートを見るのは初めて。温もりを感じて気分がやわらかくなるような。

素材は、木の他にも、水牛の角、ローズクオーツ、水晶、陶器など様々だ。形は、マガタマのような形や、魚形、羽形などいろいろあって、使う人が使いやすいものを選べばいい。

「なんで木を選んだのですか?」

「う〜ん、直接人の肌に触れるものだから、自然により近くやさしいものがいいなと思ったのですよ」

「なるほど〜。韓国のカッサプレートはどこに行ったら買えるでしょうね?」

「たぶん……ないと思います、この辺じゃ。カッサを知ってる人は多くないですね」

「そうなんですか? 意外です!」

「知ってる人しか知らないですよ」

根付いた文化としてたくさん触れられないのは残念だけど、ニッチな感じはココロをくすぐる。

「じゃあ始めますね。筋肉の流れに沿ってほぐすんです」

キムさんは愛用のカッサプレートを手に取ると、力強くギュッギュと顔を擦る。眉間やおでこは上の方向へ。目の下は目頭から目尻、こめかみから耳の裏へ。眉は骨に沿って内側から外側へ、こめかみを通って、耳の裏へ。ほうれい線は下から上へ、こめかみまで。

動きは速い。進行方向へプレートを傾け押しつけながらなぞる。


動きは速い。目の下だったら、1秒で1回擦れるくらいだ。


わたしは、枕の横に置いていたiPhoneをインカメラにして観察……顔が歪みまくって、ヘンな顔にもほどがある。吹き出しそう。笑いたいけど、あっちこっちが順番に力強く引っ張られていて、物理的に口がいうこと聞かないし、声もうまく出ない。その笑えない状況がまたおかしい。

施術中、刻一刻とずーっと実感しているのは、皮膚の下がボボボっと発熱していること。それから、いかにもリンパが押し流されているな、という手応え。とっても説得力のある、積極的な施術だ。さっきの高周波が、何かをされている感覚を得づらかったのとは対照的。

そうして顔を歪め続けて5分ほど。どんどん小顔になっていくイメージで頭がいっぱいのまま、カッサタイムは終了した。もっと受けていたかったよ〜。

最後に、驚きのサービスが

するとキムさんが言った。

「この後、時間ありますか？」

「ない訳ではないですが……」

「どうしても全部きれいにしたくって。鼻の黒ずみ取りたいです」

営業がここまで続くとは（笑）。ただもう、キムさんの施術や真剣な姿勢にはグッときてるから、是非やっていただきたい気がする。

「時間あるなら、取ってもいいですか？」

「じゃあ、お願いします」

せっかくなので完璧にしてもらおう〜っと。

「ちょっと待っててくださいね」

ウイスパーボイスは、一度扉の向こうに去り、すぐまた戻ってきた。

「毛穴を引き締めますから」

と同時にベタッ！

「ひっ、冷たっ！」

「今、冷凍庫から出してきたんですよ」

手にしているのは、手のひらサイズの雪だるまみたいな形をした白いもの。高さ8センチほど、肌に当てている部分は直径4センチほどの銀色素材で、ここが、キンキンに冷え続けているみたい。

「それ、なんですか？」

「『Derma cooler』っていうんですよ。あと、ワインで作ったジェルをお肌に塗ってます、よく滑るように」

「ひんやりしてて、すっごくきもちいいです～」

「はい、これで毛穴がギュッと締まります。温めて開きっぱなしだと黒くなっちゃいますからね。わたしも毎朝毎晩やってますよ」

「え、キムさんのお肌とってもキレイ！　これが秘密のひとつ？」

「そうだと思います。近所の人にも教えましたけど、大好評なんですよ」

使い方は簡単で、お肌にワインジェルを塗ったら、冷やしておいたコレで円を描くように擦るだけ。とくに鼻と鼻のまわりには効き目が抜群だとか。朝一番にやると、一日中肌がパッと輝くっていうし、いいなぁ。

「教えた人は、みんな喜んでくれますよ」

「わたしもほしいです、毎朝やります！　いくらですか？」

「……ごめんなさい、欠品なんです」

「え……どこで買えるんですか？」

「まだ、他のお店では買えないと思います……すいません」

おぉ。本当に悲しかった。ココでしか味わえない価値を堪能しているのはうれしいけど。

しばらく、冷凍ぐるぐるが続いたあと、

「キレイになったわ～」

キムさん自身が満足そう。かわいいなぁ。

締めは腕のマッサージ。力を込めて、細部まで丁寧に揉んでくれた。極楽気分〜。

「はい、完了です」

ウイスパーボイスが、夢のようなビューティタイムの終わりを告げた。

スッキリして起き上がり、時間を見ると1時間15分が経過。プラスの施術があったからそんなものかな。

そして、カウンターでお支払い。

「6万ウォン（約6000円）です」

「あれ？　黒ずみ除去代は？」

「わたしが気になって、完璧に仕上げたかっただけだから、いいんです」

……感動！　なんという職人っぷりだろう。追加の施術料もとらなければ、モノすら売らないなんて。わたしほどいいカモいないのに〜。あ、ちなみに、取材で行ったことは、一切告げてません。本当にナチュラルな心意気の出来事なんだから。

その後、パウダールームでメイクをしようと鏡を見ると……びっくり。しっかり白く引き締まってるんだもの。絶対小顔になった。触るともっちもちのすべすべだし、本当に鼻がキレイになっていて、毛穴が消滅したみたい。あぁ感激！　もうすっかりキムさんのファン確定、定期的に通いたい。そして、是非「Derma cooler」も手に入れたい。韓国を一気に好きになったひとときだった。

旅の終わりにフクロモモンガに会いに行く

さて、滞在もあと数時間。

屋台で一度は何か食べてみたかったので、明洞駅近くのおでん屋さんに寄ってみた。

「こんにちは〜！　写真撮りたいの？　あぁ、全世界のカメラに写りすぎだからよしとくわ、あははっ！」

とっても陽気なおばちゃんが操る日本語は、ものすごく流暢《りゅうちょう》で速い。

「わ、ペラペラですね、日本語」

「東京で働いてたのよ、数年間」

「へ〜そうですか。楽しかった？」

「戻りたいわよ〜。今は結婚して毎日ここにいるけどね。結婚はだめよ！　自由がほしいわぁ。あぁ、外で働きたい」

「毎日いろんな国の人とこのお店でお話ししてるんでしょ？　楽しそうですよね」

「だめよ、わたしの才能はこんなんじゃないわ、結婚はだめだめ、お嬢さんよく考えて」

「あはっ。わたしは離婚してるけど」

「あっそ？　やったわね、フリーダム！　わたしも好きに飛び回りたいわ」

おばちゃんお手製の、大きなさつま揚げ風おでんを、ぱくぱく食べながら駅へと歩く。気遣いと少しばかりの本心が混じった言葉だったと思う。

人ってつくづく、ないものねだりだものね。他との比較では本当の満足感は生まれないんだろうなぁ、自分のうそのない満足を知ろうっと。

駅に着くと、3本の電車を乗り継いで「カフェ・ザ・ガラパゴス」を目指す。

時間はまるでなかったけど、フクロモモンガという、有袋類のかわいい小動物をお店で飼っていると聞いたから。

迷って迷って辿り着くと、店内は混んでいる。時刻は午後3時10分。5分で退散しても、空港に着くのはフライト1時間ちょっと前になるかな。

と思いつつも、きっとフクロモモンガがいるに違いないカゴがあるので、チーズケーキと珈琲を注文して待つ……。

フクロモモンガは巣から出てこない……15分経過……飛行機やばい！

「フクロモモンガに会いにきたんだけど、実は帰国便がまもなくで」

「ほんと!?」

オーナーさんは慌ててわたしの珈琲を淹れてくれる。そしてすぐ、カゴを開けてフクロモモンガを巣から出してくれた。

か、かわいくておののいた……手の平サイズで、目がくりっくり。シマリスとハムスターをたして2で割ったようなかわいこちゃん、シッポは長〜い。地震が来ると、たいそう怯《おび》えて3日くらいごはんを食べられなくなるほど小心者のフクロモモンガは、わたしの手に乗ると、おしっことうんちをモリモリもらし、うるんだ瞳で見つめてくれた。

ちょっとこの締めステキでしょ。思い出すたび顔がゆるんで仕方ない。ビューティの大切なエッセンスは笑顔に決まってる。いろんな角度の施術で積極的に美に迫り、笑顔スイッチまで受け取ったソウルのビューティトリップ、完璧すぎる。

さあ、余すところなく楽しんだし、帰ろう。慌ててホテル経由で空港へ向かうと、到着したのはフライトの40分前。めくるめく満喫がこれだけ隙間なく詰まった24時間ってそうないかも。人情溢れる美容天国ソウル、ありがとう〜。

スパ・レックス（Spa Rex）
ソウル市中区乙支路6街18-21　グッドモーニングシティビル地下3階

ソウルエステ（Seoul Este）
ソウル市中区明洞2街54-12　3階

Beauty World Trip 7

バリ島

とろけるマッサージと、
赤ちゃんヘアになるクリームバスと。
世界一のスパが安すぎる！

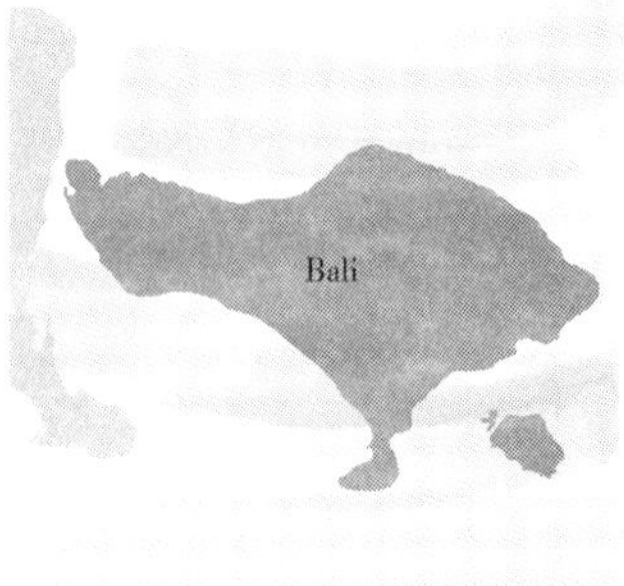

自分史上ナンバー1・スパとの出会い

バリの「ジェラティック・エステティック&スパ」に勝てる美容施設なんて、世界中どこにもあるはずがない。

技術、ホスピタリティ、コストパフォーマンス、バリエーション、環境……総合得点がずば抜けすぎていて、なーーーんにも言うことないんだから。

バリに限らず他国のでも、エステを堪能するときには「ジェラティック」と比較しないようにしている。別格として外しておかないと、他のエステのお楽しみが減りかねないからね。彼氏と木村拓哉のかっこよさを比較しても仕方ないような感覚と同じかなー。

それに気づいてしまったのは7年前。

バリの中部、森と田んぼのまっただ中にあるウブド村をさんぽしているときに、バリニーズ・マッサージを受けようかなぁ、とうっすら思っていた。きっと、数日前に南部のビーチリゾートエリアの高級スパで受けたマッサージで、ややもやが残ったからだろう。

いや、すてきな経験だったんだ、とっても。

ジャワ王宮発祥のマッサージが、バリ島に渡って民間療法として発展した施術、というエピソードを彷彿させる宮殿チックな施設で姫気分。「余は満足じゃ」的なフレーズが心を埋めつくすタイプの、いつもと違う夢物語感覚ね。

でも実は、施術自体に特別なインパクトはなく、内容もよく覚えていなかった。これって、設備の豪華さに気を取られて、施術の実力を感じ損ねてしまったのかもしれないし、もしかしたら本当に「まあまあ」なよさだったのかもしれない。なんだかいまひとつすっきりしない。

もっとリーズナブルで「腕で勝負！」なマッサージを体感してみないと、バリニーズ・マッサージのホントはわからないなぁ……と、なんとなく思っていた。

そんなわけで、スパを気にしつつ、ウブドの中心モンキーフォレスト通りを歩いているときに「ジェラティック」の看板に気づいた。しっかりした石造りで、品のよさを感じる。建物自体はちょっと奥まったところにあるみたい。

うん、これはいいよ。ウブドは小さな村だけど、観光客は多いから、交通量はそれなりにある。

道沿いの建物では車やバイクの音が施設内にも響いて聞こえそうだから、ぜひ奥まった立地であってほしいんだ。

さっそく建物まで行ってみると、シンプルだけど、とってもキレイな心地いい雰囲気。これは1時間4000円はするかな。中の上くらいのスパだろうな〜。

と思いきや、メニューを見ると驚くほどリーズナブル。確か、当時で1時間12万ルピア（約970円）だったような（今は13万ルピアで約1050円）。この店構えと雰囲気でそれってあり得ない。びっくりして食いついた。

そして……期待を10倍超えるパフォーマンスにびっくり、スパ革命が起こった！

そう、まさに革命。よくよく思い返せば、あの体験がきっかけとなって、本当の意味でスパというもの自体に興味を持ったのだから。

あぁ、魅惑の「ジェラティック」！　先日再訪が叶い、もうわたしは、天にも昇る気分。

感動しかなくって、興奮しまくって、しばらく口を開けばそのことばっかり言っていた。興奮で血が巡りに巡って、お肌のつやが増したと思ってるしね。

バリ人の笑顔の秘密

今回受けたのは、3時間コースの「ビューティー・パッケージ」38万ルピア(約3070円)。

バリニーズ・マッサージ、ホワイトニング・フェイシャル、クリーム・トリートメントのそれぞれを、1時間ずつのんびり堪能するという、なんとも贅沢なひとときだ。

予約を入れたのは朝の9時から。そんな早い時間は普段ではあり得ないけど、他の希望の時間が空いていなかったから仕方ない。

友だちのゆかちゃんと、同じコースを同じ時間に受けようとしてることもあるかもしれないし。とはいえやっぱり人気なんだな。腕が信頼を勝ち取ってきているんだろうな、なんてったって世界一だものね(わたしの中の)!

当日は……あ〜やっぱり。がんばったけど、15分遅刻。予約が後に詰まっているということは、施術時間が短くなっちゃうなぁ、もったいないことした。

入り口の扉を開けながら、

「スラマッパギー(おはよう)、遅れてごめんなさい」

なぜかずっと覚えているインドネシア語の挨拶を使ってみる。

「スラマッパギー(にこにこにこにこにこ)、気にしないでくださいね〜」

出迎えてくれたスタッフさんの笑顔が半端なくやわらかくて!

とたんに気持ちがほぐれてくぅ〜。遅刻した自分が悪いのだから当然だけど、施術が短くなってもぜんぜんいいやと一気に思えてる。

そう、バリの人の大きな特徴は笑顔の柔らかさだ。

明るいというより、ホスピタリティたっぷりで、思慮のある柔らかさ、やさしさ。陽気なんだけど、それは、相手をいい気分にさせてあげたい、という気遣いが先にたっての陽気さだと感じてる。もちろん、いちいちそんなのを意識して笑顔を作っているとは思わないよ。ただ、自然にそれが根付いているのじゃないかなあと。

ちょっと脱線したまま、笑顔についての考えを進めてしまおう。バリの文化の基本な気がするから。

バリ人の笑顔のすばらしさは、バリ・ヒンズーと村社会が影響しているのかなと思っている。

この島には本当に多くのお寺があって、その数は2万以上とも言われているからびっくり。だって、面積は愛媛県ほどだけだって！　どんな寺密度よ。でもまあ、島のお寺、村のお寺だけでなく、各家所属のお寺もいっぱいあると聞いたから、それはカウントが増えそうだ。

その膨大な数のお寺の建立日など、記念すべき日は、いちいち地域一丸となってお祭り形式で祝うというからすごい。

実際、バイクで島をあちこち走っているとき、すごい頻度でお祭り行列に遭遇した。

「バリ島では、365日どこかでお祭りが行われている」というよく聞くフレーズは本当じゃないかなぁ。

それだけ日々ある大切な神さま行事に、もしも嫌なヤツと判断されて参加しづらくなったら、ちょっとまずいよね。周囲との関係をうまく保てるよう、いい笑顔、いいフィーリング、いい人であろうと心がける感覚が、ずっと昔から根付いていて、民族の心意気の基盤となっているのでは、と予想しているのだ。

まぁ、神事なんてほっぽらかせばいいじゃない、という意見もあるかもしれないけど、バリと日本では神さまの位置づけがだいぶ違うもの。多くのバリ人にとって、神さまはかなりの身近な存在だから、そうはいかないと思う。

例えば、ごはんを食べるときに全ての料理をひとくち分ずつお皿の脇に寄せる習慣があると聞いたけど、それは神さまへのお裾分け分だとか。三食ごはんを共にするくらいの距離感だなんて、ほのぼのするよ。

それに、毎朝毎晩とっても丁寧に真剣に、時間をかけてお祈りしてる人々の姿をそこら中で目にするから、信心深さが手に取るようにわかる。

なにより神の島を実感せずにはいられないのは……神が憑依《ひょうい》してる人を見ちゃったんだもの（笑）。これ本当！　早朝に海辺をさんぽしているときに……白装束の団体の中のひとりが、

「キーーーー！」

と、我を忘れて暴れまくっているのを、周りの人が押さえてなだめていたんだ。山の村でのお祭り行列でなんて、うじゃうじゃいた（笑）。

セラピストのゲさん

さて、レセプションのソファで待っていると、ほどなく、わたしたちのもとへ、セラピストさんがお迎えに来てくれた。

「ゲと言います。よろしくお願いいたします（にっこり）」

おっと、低めのハスキーボイスだ、かっこいい。

彼女に続いてロッカーへ行き、貴重品も全てそこにしまったら鍵をかける。

「これに着替えてください、下着はそのままで大丈夫です」

サロンを渡され更衣室へ。心の中では、

「下着はそのままって言っても、全身マッサージならブラは絶対とるでしょ、してないってバレバレなんだな……まあどこから見ても小さいもんね」

と、軽くグレつつも準備完了。

ちなみに、わたしの髪は長いけど、束ねずにたらしたままね。単にゴムを忘れたからだけど、ゲさんが後でまとめてくれたから忘れてもご心配なく。むしろ、彼女のやりやすいように結えていいかも？

とても感じのいい個室。天井でファンが回っているのも南国っぽくていい。

ゲさんに案内されて、施術用の個室へ。そこは、6畳ほどのシンプルな内装の部屋だった。

ライティングが絶妙で、ムーディ加減が心地いい。真ん中には施術ベッド。奥には湯船とシャワーがある。これはマッサージではなく、「ルルール」というバリ伝統の美肌施術のためのもの。部屋のすみにある品のいい木製の棚の上にはプルメリアがちょこん。うーん、心遣いがにくいわぁ。隅々はキレイに整っているし、建物の造り自体に重厚さを感じるし、とても落ち着くいい空間だ。

「サロンを脱いでくださいね〜」

ゲさんの声はほんとにいい。聞き心地抜群で、なんだか心が落ち着く。しかも、ゆっくりなテンポ、やわらかい微笑み、ちょっとたどたどしくてかわいらしい日本語でこの声を使うんだもの、わたしが男なら声だけで惚れてしまいそう。サロン脱げなんて言われたらもう、たまらないよね（笑）。

着ているサロンに手をかけると、ゲさんはサッと大きな更紗を自分の前で広げてわたしの姿を隠してくれる。見ませんよ〜という印かな。

「うつぶせで寝てください」

ゴロンとしたところで、さっき広げた更紗を体全体にかけてくれた。

ベッドの顔が当たる部分は、呼吸用の穴がちゃんと開いていて、その下にはプルメリア。水の入った木製の桶にちょこんと浮いていた。気分が安らぐなぁ。

まるで、ヴィシュヌ神！

さあ、施術スタート。

まずは背中の更紗をめくってドライマッサージ。手のひら全体で、ぎゅっぎゅと押し込む、強すぎず強い力加減が絶妙すぎる。血が一気に流れ出したのを感じてる。続いて、指先で肩や背骨の細かい部分を丁寧につまむように揉みほぐす……位置も的確すぎるんだ。特に体にこりを感じていた訳ではないのに、ピンポイントで揉まれる箇所箇所が喜んでるよ〜。気づいていないだけでたまっていた何かが、するすると解消されていく感覚がなんとも幸せ……。

ゲさんの魔法の手が、丁寧に繊細に、背中を通って、腿、ふくらはぎ、足裏、足先まで及ぶと、もう気分はだ〜いぶふにゃふにゃ。

続いて、オイルマッサージが始まった。

ふわっとかすかにココナッツオイルの香りがすると、ほどよくずっしり圧力のかかった手のひらが、背中を滑らか〜に止めどなく流れて流れ、手のひらが肌に触れていない瞬間がない。はぁぁ、とてつもない安堵を感じてるんだ、一気に瞼《まぶた》がトロンとするよ……ハッ！

ヴィシュヌ神（ヒンズー教の最高神）がいる！

わたしの背中に触れてる手、絶対10本ある！

頭の中では、今だけ特別！　的に腕6本増量中の、もと4本腕のヴィシュヌ神が、青い肌して背中をさすってるイメージがくっきり。

驚いて一気に覚醒。でも待ってよ自分、いくらバリがヒンズー教の島だからって、自分が神さまつきやすめの体質だからって、そりゃあないよ（笑）。

でも実際、背中を揉みほぐす手が、肩からお尻の方へと、途切れることなく次々に背中を流れ続けてるんだ、手がいっぱいないと実現しない感触だよ、これ。もうなにがなんだか！

……あぁそうか、きっと、ちょっとうとうとしてる間にセラピストさんが2人になったんだな。4本の手でやってるのか。じゃあヴィシュヌ神のイメージを拡張させることもなかったのね。

マイナス6本でなんとか妥協し、納得すると、安心してゲさんの方をちらと見る……ひとりだ。腕2本だ。

あぁ。もうむしろ怪談！　心底びっくり……。

ゲさんの流れる手は、足の方へとだんだん下りていき、腿を越え、ふくらはぎまで来たときにふと気づく。

「むくみが消えてく～」

普段一番むくむ部分だから、ものすごい勢いでスッキリしていくのがわかるんだ。そういえば、手のひら全面を使った重みのある流し方は、リンパや血をよく押し流してくれてるはずだもの。それに、なんか体が火照ってきたような……むくみが解消されて、内側から温かくなるということは、痩身効果もきっと抜群だよね！

それに、ココナッツオイルをこんなにこすりつければ、しっとり美肌になることも確実でしょ。すてきな術後が見えすぎて、さらに心が喜ぶ……。

そして足裏。丁寧に細かく、指を一本一本ひっぱったり、手の脇で力強くたたいたり。足裏マッサージはアジア各地で受けた経験があるけど、このたたき方は初めてじゃないかな。体全体が覚醒する感覚がある。

続いて左の腕と手のひらも同様に押し流すと、首筋と頭へ。これがまた、たまらないんだ～。首筋は目と連動していると聞くけど、確かに、こめかみの上辺りがここちよくなる。脳みそもクリアになって、新しいアイディアが降ってくる予兆みたいなも

のを感じるよ。続いて右の腕と手のひらも済んだ後、

「仰向けになってください」

ハスキーボイスが、つたない日本語で話しかける。あぁかわいい。

そして、わたしの体にかかった更紗をパッと取ると、また自分の前に広げ、見ませんよ、の印。わたしが仰向けになると、いったん更紗をかけてから、ちょっとめくって、畳んだタオルを胸の上にささっと載せる。わぁ、こういう気遣い初めてかも。他の国であったかな……？　とんだチッパイだけど、ちゃんと胸扱いされてる感じに感動、勇気をありがとう！

今度は足から施術開始。さっきと同じく、ドライマッサージからのオイルマッサージ。本当にすみずみ丁寧で感心するほどだ。ときおり自分の両手を合わせて擦っているのは、きっと温めているんだよね。肌に触れる手はほんのり温かい方がきもちいいもの。

続いての右の腕と手のひらが終わると、おなかに。これはいいよ～、便秘に効きそう。腸の渦に沿って時計回りにぐるぐる、ちょっと押し込む力強い刺激が心地いい。

そして、胸を外して、鎖骨から肩。

「顔もやっていいですか？」

もちろん、お願い申し上げますだよ！　顔までやってくれるとは思わなかったから、お得な気分でうれしい。次にフェイシャルエステが待ってるから、やることがかぶる

ような気もしてるけど、何度でもやってほしいからね。

顔はオイルをつけた指先だけで行われ、ほうれい線、眉、クマのできる辺りなど、筋肉としわにそって力を込めて細かくほぐしてくれた。なるほど……これって、美白や保湿がメインのフェイシャルエステとはきっと別物だろうな。顔のコリをほぐし、血行を促進してむくみを取り除く、という健康志向が前面に打ち出された手つきだと思った。もちろん、結果的に美につながるだろうけど。

そして頭を前面から。これは後ろ半分よりも、さらに気持ちよく感じられた。まあそれは、個人的に前面がこっているということかな。

続いて、左の腕と手のひらを同じようにやったら寝技終了。

最後、ベッドに座って背中をポンポンたたいてもらい、あーーーきもちいい。

「はい、終わりました（にこにこにこ）」

さて、立ち上がろう……として、めっちゃだるいことに気づいた。これってきっと好転反応だよね。けだるさにうっとりしてるものの、なにかが体から抜け落ちていく感覚があって。だるさの奥にスッキリが見えるような。

「シャワー浴びますか？」

「あ、いいです」

ココナッツオイルの香りは大好きだし、よくよく浸透させたいし、気になるほどベトベトにはなっていないから、わたしはそのまま。

アニさんのホワイトニング・フェイシャル

サロンを着ると、ゲさんに案内されて廊下を進む。すると、森と花と鳥のカラフルな絵画の前に人がいる。といっても表の窓から差し込む、強くて白い光がまぶしくて表情がよく見えない。体の輪郭だけが浮き上がるように光ってる……彼女に歩み寄る2秒ほどの一瞬が、ものすごく神秘的だった。

「アニといいます、ここからはわたしです（にこ〜〜）」

浅黒くてちょっと骨張ったお顔の、つややかな黒髪が印象的な美人。うーん、ポカホンタス！

「よろしくお願いします」

わたしもにこりと挨拶を。美人から美人へバトンタッチされて、けだるさの奥に見えていた心地よさがリアリティを増していくんだよ〜、なにここ、ずいぶん夢見心地なサロンだな。

さて、次はホワイトニング・フェイシャル。もともとのコースの料金に1万ルピア（約80円）を追加で支払って、グレードアップしたんだ。

通された部屋にはベッドが2つ。先にマッサージが終わっていたらしいゆかちゃんが、一方に横になって施術を受けていた。裸にならないフェイシャルエステは一緒に受けられるのね。友だちが隣にいれば、感想をその場で言い合えるし、くだらない雑談もはかどるから楽しいよね。まぁ、施術中は脱力していて、寝るか寝ないかスレスレの世界をふわふわさ迷っていることも多いから、個室でも問題ないけど。

さて、フェイシャルが始まる。何かが顔に載って、ひんやり。あぁきもちいい。

「これはなんですか？」

「クレンザーです」

普通の人はいちいち聞かないのだろうけど、わたしはいつもいろいろ聞いちゃう。今回は、アニさんのたどたどしい日本語で始まり、だんだんと、お互いにたどたどしい英語での会話になってきてる。

今までそうやってエステを受けてきて思うのは、たどたどしい言語での会話でも通じ合おうとすれば、セラピストさんと心の距離が近づいて、より心のこもった施術をしてくれる気がしてる。まぁでも、プロに分け隔てはないだろうけど、思い込み効果で気持ちよさが倍増するならお得でしょ。

クレンザーを丁寧に拭き取ったら、またなにかひんやり素材が肌を覆う。

「トニックです」

「そうですか、何からできているのです？」

「ハイビスカスです。美白効果が高いですよ」

あ〜、たしかに、ハイビスカスはビタミンCとEがたっぷりだよね。

続いてまた、別の何かが塗られてる。

「マッサージクリームです。これもハイビスカスから作られてますよ」

ハイビスカスだらけだなぁ。そういえば、美女の代名詞、クレオパトラはハイビスカスティーが好きだったと聞くし、昔からの知恵なのね。説得力もロマンもあっていい。

後で調べると、ハイビスカスには、細胞の生まれ変わりを促進する、クエン酸やリンゴ酸が豊富に含まれているそうな。また、代謝もアップしてくれると。さらには、カリウムも含んでいるから、むくみ解消にもばっちりだとか。女性が是非ともほしい効果ばっかりだ。

マッサージは、筋肉に沿って、手のひらで顔全体を包み、上へ上へと引き上げる動きが基本。ほうれい線や目の周り、眉間など、細かい箇所は指先で伸ばしたり揉んだり。手つきが穏やかで丁寧で、あぁきもちいい。ハイビスカスの若返りエキスが染み込みそうだ～。

続いてハイビスカスのパックをしたら、しばらく放置。お隣でやっぱり放置されてるゆかちゃんに話しかける。

「きもちいいね～」

「ほんと。なんか上に上に引っ張られて小顔効果ありそう」

「ね～、効くといいなぁ。さっきのバリニーズ・マッサージはどうだった？」

「うん！　なんかよすぎてびっくり……けど、もう少し強い方がよかったな～」

わたしは強さについて聞かれたから、強いのが好きと伝えたけど、彼女は聞かれなかったからそのままだったみたい。

確かに、聞かれないと言うタイミングがわからないかもしれない。でも、やり方の好みはリクエストをした方が自分も満足だし、お客を満足させられたセラピストさんも満足だろうから、是非思ったらその場で言ってみて。

その他、数言の感想をかわすうちに、うとうとと眠りに落ちていった。いつの間にかパックを拭き取られ、ベッドに座るよう促され……座った状態で、肩と首、背中のマッサージをされてる刺激で我を取り戻す。今度はたたくのが中心ね。眠気シャッキリ、うん、けだるさの奥のスッキリが一歩近づいてきたみたい。

リンゴのシャンプーとアボカドのクリーム

さて、半寝状態でポカホンタスに次の部屋へと案内される。だだっ広いヘアサロンのような部屋だ。手前には鏡とイスのセットが、奥には倒れるイスと、シャンプー台のついた、一般的なヘアサロンと同じセットが。

アニさんのシャンプーする手つきが最高。さっきのフェイシャルのときも、ゲさんのマッサージのときの手つきもそうだったけど、強くて強すぎない、重みが適度にある重力具合がとってもいい。

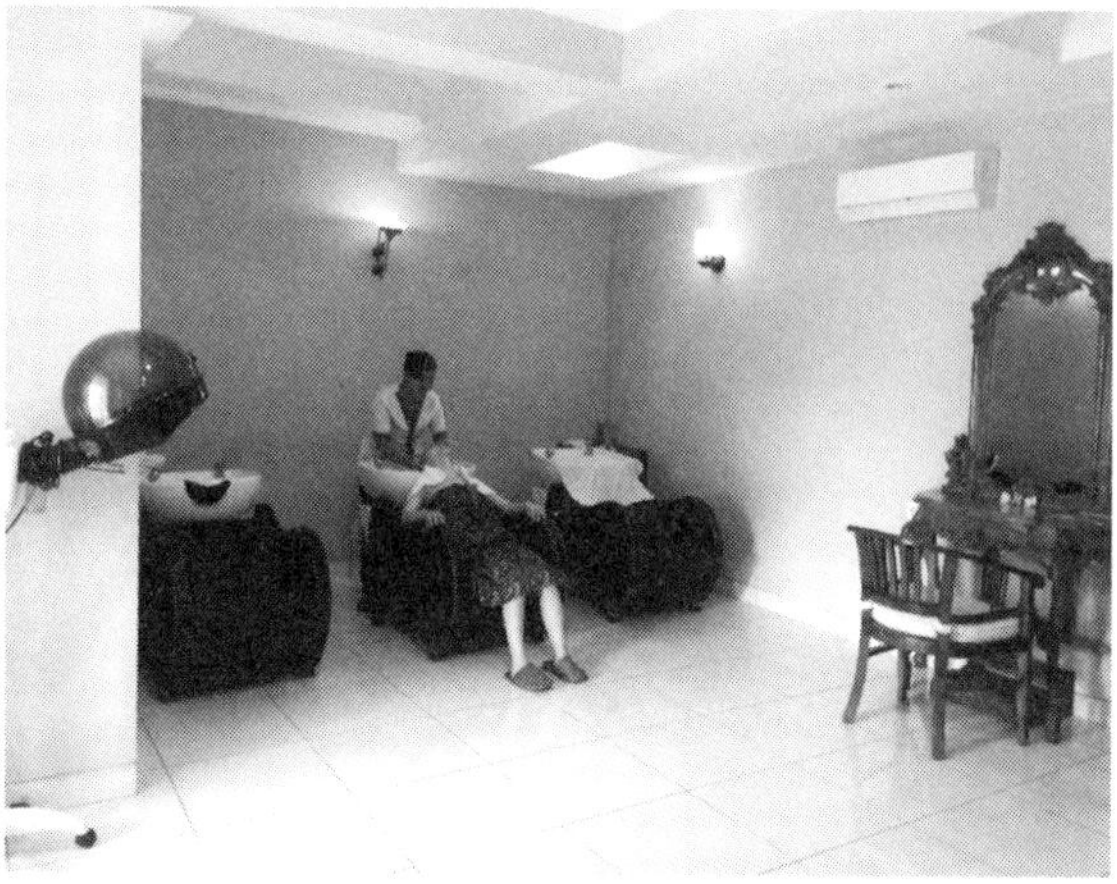

広々したヘアサロン風の部屋で、シャンプー&マッサージ。きもちいい〜。

「このシャンプーはお店のオリジナルですか？」

「はい、これはリンゴなんですよ」

「え、リンゴ？　バリでとれるの？」

「とれますよ〜」

「あ、そうか……アグン山とか、キンタマーニ高原とか、涼しそうですもんね」

「はい。リンゴは髪にいいんです」

いやー意外だった。リンゴが髪にいいのも、バリでとれるのも。

後で調べたら、リンゴポリフェノールは発毛や育毛によく効くらしい。頭皮の血行を促進させることで、酸素や栄養がしっかり行き渡り、抜け毛を防いで、丈夫な髪を育成するそう。また抗菌作用もあって、頭皮に詰まった皮脂などから細菌が繁殖するのを防いで、キレイな状態で活発に活動できる毛穴に導くと。なるほどー！

シャンプーを終えると鏡の前に移動。アニさんは、わたしの髪をタオルではさみ、ポンポンとたたいて水分をしっかり取る。そして、テロンと光る黄緑色のクリームをたっぷり手に取ると、髪の一本一本に絡むよう丁寧に塗り込む。

「アボカドなんですよ」

「へー！　そういえば、昨日飲んだアボカドシェイクと素材感が似てます〜。これはアボカドそのもの……？」

「いえ、製品になってます、これもお店のオリジナルなんですよ」

髪の毛全体にアボカドクリームが行き渡ったら、次には頭皮に揉み込みながらマッサージ。ギュッギュと頭を押さえるように動く指先の力はかなり強い。やってもらってるのは頭部なのに、ズンズンと体の芯まで響くような……あ〜効くぅ。

5分ほどのうっとりタイムが終わると、フルーツクリームを首、肩、鎖骨、背中に塗ってマッサージ。これはダイレクトに肩こりに効きそうだ。

「こってます？」

「ぜんぜんこってません」

キッパリ（笑）。毎朝ストレッチをしているからか、いくらパソコンに向かってもまるで肩がこらないのが自慢なんだ。でも、せっかくだから、隠れこりの除去に成功、なんていう感動は味わいたくて、こういうときはつい聞いちゃう。

ともあれ、ものすごくきもちよかった。腕もかなりギュッギュと揉まれるので、ちょっとほっそりした気はしたけど、まぁ……気のせいかな。

で。過去最高によかったのが、手のひらマッサージ！　アニさんの親指が、わたしの手のひらの中心から指先へと力強く流れてく。指の隙間と指先はつまんでぐりぐり、指の側面は擦るようにもみもみ。わたしの手の全ての箇所が、アニさんの指と手のひらで丁寧に覆われる……なぜだか全身でうっとり。手に刺激があるたび、脳にずっしり反響してるんだ。これが脳内でα波を生み出して、全身に「心地いい」を伝達させているんじゃない？　感覚の伝達経路まで、自然と脳に浮かび上がるほど明確に心地いいんだ。

マッサージが終わっても、全力の脱力。もう、完璧にふぬけたアホ顔だよ。そこに美容室でパーマをかけるときに頭を覆うアームドライヤー、ほら、吊るされたヘルメットみたいな形をしているやつ……がセットされるんだもの、鏡を見て笑ったよ。アホ顔であんなのかぶせられると、脳波をチェックされてる図にしか見えないってば。ともあれ、そのまましばし放置。熱を加えてアボカドクリームを髪に浸透させるみたい。

お隣には同じくふぬけた顔のゆかちゃんが、同じセットで放置されてた。

「頭のマッサージいいね、ほんっときもちいい、ほんっときもちいい～」

ゆかちゃんは、ぽ～っとうっとりしながらうわごとのように言ってた。

「ほんと～。それに手のひらマッサージもよすぎてたまらないよ……」

さっきから、快楽についてしか口にしてない。ふぬけって幸せ。

鏡の中に子供がいた

「どうぞ、ジンジャーティーです」

アニさんが、お茶とカットフルーツが盛られたお皿を持ってきてくれた。ゆるみきっていただくお茶……格別だわ。

10分ほどの放置タイムが終わると、シャンプー台に移動してクリームを水で流し、リンゴのコンディショナー。

そして再び鏡の前に戻ってブロータイム。

「朝鮮人参のトニックですよ」

と、サラッとした液体を手に取って髪につけると、ドライヤーで乾かし始めた。ドライヤーの風に髪がなびく。ずいぶん軽やかになびいてるな～、というのは、鏡を見なくてもなんとなく気配でわかる。で、鏡を見た。

……子供がいる。

怪談ではない！　鏡に映った自分のわきに子供が映ってたとかいう話ではなーい。

わたしの髪が、小学一年生。サラッサラ～ツヤッツヤ～、すぎてびっくり。

ブローが終わり、指で髪を触ったときのさらなる驚きったら……。生まれ変わったのですよ、わたしは、ウブドで。

小学1年生とか、卑下してました。赤ちゃんです、ベイビーヘアです！　大げさと言われようとも、言い切ります。正直に申し上げます。自分の髪の毛全てをカツラのようにスポッととって、まだ生まれて一度も切ったことのない1歳半の赤ちゃんのそれをはめ直したとしか、思えなかった！

「アニさん、アボカドのクリーム買いたいです！」

「あ……数年前までは販売してたのですが、今はやめちゃったのですよ」

「えっ！　残念、残念〜……じゃあ、またすぐ来ます！」

満足すぎて、本当に毎月通いたいくらいだ。速攻のサラやわヘア効果は、魔法としか言いようがない！　何度思い返してもうっとり。

何度も何度もお礼を言って、外に出ると、すぐにアボカドについて調べた。「若さホルモン」とも言われるインスリン様成長因子を増やすオレイン酸が豊富に含まれていて、育毛促進に効果があるとか。これは世の男性にも教えたい〜。

また、豊富なビタミンが頭皮をターンオーバーさせて健康な状態に導き、髪をサラツサラにしてくれるそうな。

それに、アボカドは森のバターともいわれるくらいだもの、いかにもしっとりつややか効果がありそうだよね。

興奮したまま、前の道モンキーフォレスト通りを挟んで、すぐ斜め向かいのお気に入り「トロピカル・ビュー・カフェ」へ。

田んぼを見渡す、すばらしい立地だ。ウブドってだから大好き。村の中心が広々した田んぼなんだもの。世界でも類を見ないおしゃれな田舎だと思う。

二人とも頼んだのは、デトックスジュース。スパの後は体の細胞にいいものあげたくなるんだよね。ひとつは「青リンゴ、きゅうり、ブロッコリー、パセリ、ミント、ライムジュース」のミックスで、ブロッコリーの風味が独特。もうひとつは「青リンゴ、きゅうり、ほうれん草、セロリ、オレンジジュース、ライムジュース、生姜」で、こちらはセロリが立つ。

並ぶ文字を見ると、なんてアグレッシブな組み合わせ、青々しすぎて想像する味に疑問も生まれるけど、実際はすっきりとおいしくてびっくり。野菜の苦みは適度なアクセントになっている程度だ。

ウブドには、デトックスやオーガニックなどをキーワードにした、ヘルシー&ビューティに効く食事を出すカフェも多い。ヨガやアーユルヴェーダの施設もたくさんあるし、LAセレブ気分になれる村でしょ。

いかにも的にキレイを意識したジュースを飲み終えると、すかさずドスンと重いバリ珈琲と、レモンクランブルケーキという、いかにも的な嗜好品《しこうひん》を頼んで中和……だいたいでいいの、だいたいで。

さて、わたしはまだまだスパしたい。翌日の予約を入れようかな。カフェで検索を始めるけど、どこのスパのホームページを見ても、もうジェラティックから浮気する気になんてなれなくて。過去もいろいろ浮気したけど、結局戻ってくるんだもの、ここに。正妻みたいなものよ、ジェラティックは。

バリ伝統の美肌施術「ルルール」

というわけで、翌日も朝っぱらからジェラティック。今日はひとりでバリ伝統の美肌法「ルルール」を受けるんだ。

天然素材から作ったルルールと呼ばれるペーストで、体全部をパックする施術だ。以前は王家の女性しか受けられなかったというエピソードもなんか好き。

このスパでは、ルルールの前には必ずバリニーズ・マッサージをする。体とココロを充分にほぐして体温を上げた方が、いいものがより体に染み込みそうだよね。

今日のセラピストさんはカデさん。また更紗に着替えたけど、今日はルルールがあるから、パンツは渡された紺色の紙パンツにはき替えた。

そうして昨日と同じ作りの部屋で始まったマッサージは、やっぱり、とろけるきもちよさだった。ただ、ゲさんよりは指圧が弱め。とってもやさしそうな顔つきだからな〜、握力も弱いイメージあるな。それで思い切って言ってみた。

「マッサージは強いのが好みなので……」

「あ、そうですか〜」

ぎゅぎゅぎゅ！

急に5段階くらい強くなった。なるほど、ばか力だから弱めてたのか。言ってよかった（笑）。

「ジェラティックは初めてですか？」

「いえ、昨日も来ました。前にも何度も。大ファンなんです」

「あ、そうですか〜」

カデさんの、鼻から抜ける脱力系の日本語が彼女の雰囲気に合っていていい。

「なんでここのセラピストさんは全員こんなにうまいのでしょう？」

「初めに3ヵ月間、みっちり訓練します」

たぶんものすごい練習量なんじゃないかな？　あえての辛口評価で、90点以上のセラピストさんにしか当たったことがない、と言い切れるほどなんだもの。

1時間かけてじっくりすっかり揉みほぐされると、お待ちかねのルルールタイム。

まずは表側の全面、肩、腕、おなか、脚に黄色いペーストを塗り込む。

「このペーストはさっき作ったの？」

「はい、もともとの粉は、オーナーのおかあさまがまとめて作っていて、それを水で練ったのですよ」

内容は、ターメリック、砕いたお米、サンダルウッドのお花だって。ターメリック

お肌にいい成分がたっぷりつまった粉。輸入したい！

は美白効果が高いよね。砕いたお米は角質除去で、サンダルウッドのお花は保湿と香りかな。

「人によって混ぜるものが違うのですか？」

「そうですよ〜、わたしもお家でやるけど、お米とターメリックだけです」

「お家でやるなんてすてき！　どのくらいの間隔でやりますか？」

「えへへ、そんなにはしないのですよ」

カデさんの照れ笑いは最高にかわいい、和む〜。

「そうなんですね、じゃぁ、1ヵ月に1回とか？」

「1週間に1回くらいです」

へ〜！　それであんまりやらないって……。じゃあ、1週間に2、3回やる熱心な人もわりといるってことかな。バリの人は美容意識が高いなぁ。

「じゃぁ、10分したら来ますね、ごゆっくり」

カデさんはニコッと笑いながらわたしに更紗をかけると、部屋を出て行った。

することない。

なぜだか頭が妙に冴《さ》えてて手持ち無沙汰。ちょっと首を持ち上げて、自分の体を見てみる。更紗がピトッと湿った肌にくっついて人形《ひとがた》が浮かび上がり……死体みたい。ちょっと更紗をめくると、カピカピした黄色い体。ハッ。こんな色気のない裸見たことない、早く隠して！

世の中には、見ない方がいいものなんていっぱいある。目を閉じて、いい成分が肌に染み込むことだけをイメージして、10分が過ぎるのを待った。

「失礼します、背中もやりましょう」

カデさんが戻ってきた。「脱・死体」の気分で妙にうれし……かったのも束の間。わたしにかかった更紗をとると、うつぶせになるように促す。そして反対側にもたっぷりとルルールを塗って、とうとう体全部を黄色のカピカピにして部屋を出て行った。

10分して再度カデさんが現れると、不思議なもので、やっぱりちょっとうれしいいんだよね。本当に死体になりそうで心細かったのかな（笑）。

カデさんは、わたしの更紗をとると、カピカピになったルールをざっと払う。多少擦るけど、そんなに力は入れない。

「そういえば、施術メニューにはスクラブもあったけど、あれはもっと擦るのですか？」

「はい、もっと力を入れて擦ります。それにつけるものも違いますよ」

そっちは、ジンジャー、クローブ、レモングラス、ターメリック、砕いたお米から作るそうな。

その後は、紙パンツを脱いで部屋の奥にあるシャワーを浴びる。ラックスのボディソープが置いてあったけど、香りはプルメリア。バリ限定なのかな。気分的にルルールの成分を肌に残しておきたいから、少しだけ使った。

ちなみに、カデさんはすぐ横の浴槽にお湯を張ったり、次の準備をしているけど、さんざん裸を見られているから恥ずかしくないよ。

最後はカラダにヨーグルト

シャワーを止めるとカデさんが寄ってきた。片手には器。

にこっと微笑むと、器から白いヌメッとしたゲル状のなにかを手ですくって、濡れたわたしの体につける。ヒヤッと冷たく、とろんとしてきもちいい。かすかに甘い香りが漂って。

「ヨーグルトですか？」

「そうです、食べられる普通のですよ」

ヨーグルトってすごいなぁ。食べてよし塗ってよし。ブルガリアでもトルコでもラオスでも、伝統の美容施術に使われていたなぁ……という感想もあったけど、なにより頭の中を占めていたのは、急に恥ずかしさを感じてるってこと。まぁ、濡れっぱなしで突っ立って、他人に食べ物を塗られるって、なかなかないもんね（笑）。

体全体に塗り切ると、カデさんはすぐにシャワーを手に取って洗い流してしまった。もったいないな～コレで放置したらもっと効果高まりそうなのに……と思ったけど、流し終わってお肌を触ったらとってもふっくら。ヨーグルトの成分って随分浸透が早いんだな。

カデさんは、カゴいっぱいに入った白やピンクのプルメリアの花をお湯に浮かべ、エッセンシャルオイルを振りかける。うそっぽいほど女的なお風呂！　またまたパッと気分が上がる。

「お風呂にどうぞ～、ゆっくりしてくださいね」

わたしが湯船に入るのを見届けると、いったん部屋を出てジンジャーティーとカットフルーツを運んできてくれた。

「好きなだけ入ってください。タオルはここに置いておきますね」

カデさんは、タオルとボディローションをベッドの上に置くと、また部屋を出て行った。

南国のかわいいお花に囲まれて、ふわんと華やかな香りに包まれて、じんわりお湯にほぐされて、フレッシュなフルーツを食べて……なんだこれ、急に姫だ。さっきは死体だったのに、なんて昇格っぷりだろう〜！

充分姫気分を満喫すると、お湯から上がってタオルで体をふく。

……はぁ。なんだこのお肌のやわらかさ。今まで経験したことないふわふわ感だよ。しかも、こういうときわたしはひとりだろうとめっちゃ興奮するのに、なんだかしみじみ静かに、ジーンと感動しているの。きっと、さっきのお花のお風呂の落ち着き効果がここに現れているんじゃない？　いろんな意味で女っぽい施術だなぁ〜。

という夢のようなルルールは、たったの25万ルピア（約２０２０円）という、驚くほどのコストパフォーマンス。もっと高くても喜んで払うよ……。

この体験を、世界一と言わずにいられると思う？　心地よすぎる技術と、確実な効果と、笑顔いっぱいのホスピタリティと、びっくりコストパフォーマンスと……そろいすぎてるんだよ、ジェラティック！

ちなみに、前に書いたラオスの薬草サウナの効果も、それはそれはすごい！　あれは、自分でがんばって得る効果。こっちはゆだねきって授かる効果。それから髪の毛施術はバリだけね。

そのときどきの気分によって、バリかラオスを選んで、キレイを進化させたいなーと、本気の計画はどんどん進んでいます。

ジェラティック・エステティック&スパ（JELATIK ESTHETIC&SPA）
Monkey Forest St. Ubud
http://www.jelatikesthetic.com/

Beauty World Trip 8

ドイツ

ベルリンの大都会にあるサウナは、
裸族の楽園でした

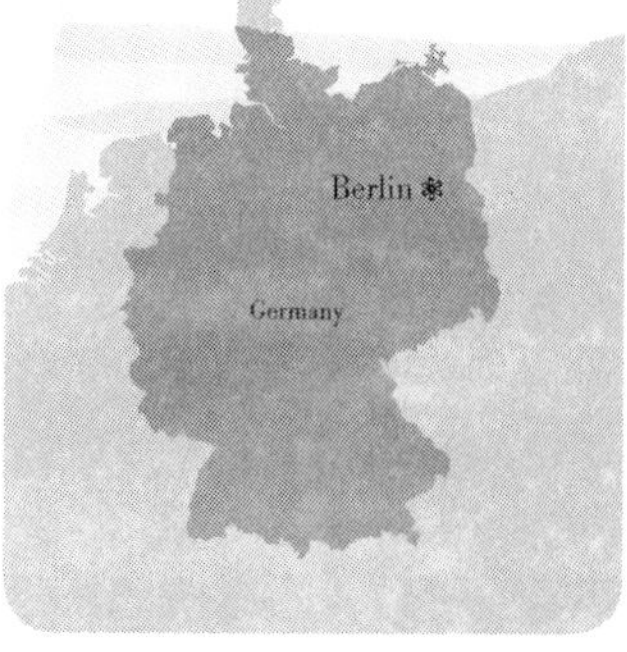

国際都市ベルリンでサウナを探す

グーテンターク（ドイツ語のこんにちは）！　今回はドイツでの、人生で一、二を争うびっくり体験のお話をさせていただこうかと。価値観の崩壊、新感覚の降臨、深まる寛容性、ゆれる乙女心（謎）。さぁテンションかかくいってみましょー！　そうしないとメンタル持ちませんからね（笑）。

ある夏、1ヵ月のヨーロッパ取材の後半で、ベルリンを訪れた。26キロほどのバックパック＋他の荷物と一緒にね。旅のはじめは21キロほどだったんだけど……すくすくと、よく育ったもんだ。ていうか、なんの罰ゲーム（笑）。

ちなみに、スーツケースの方がラクチンでは、と思う人が多いかも。でも、個人的には、より面倒くさくて、使わないんだよね。

スーツケースなら小さいものから巨大なものまで持ってるけど、それはかしこまったときにのみ使うことにしてる。特に電車取材も目的としていたこのときは、駅の階段とか、ちょっとした段差とか、車両の乗り降りとか、トラップ的なことがいっぱい待ち受けてるのは目に見えていたから。そんなとき、腕の力だけで重いスーツケースを持ち上げるのは至難の業だし、タイヤは引っかかるし、ひと苦労だ。エレベーターを探してスーツケースを転がし、あちこち遠回りすることになるとか……まどろっこしい、いいことないや。

ならば重くてもバックパックを背負い、自分と一体化させて、そのときどきピンと来たように動きたい。これが一番ストレスがないんだ。

そんなわけで、体が疲れてるのは、たとえ意識してなくても当然のこと。ベルリンといえば「ＢＩＯ（オーガニックみたいなもの）」先進都市のイメージも強いし、美容と健康についてはきっと進んでいるのでは？　せっかくだから、ここのなにがしかで疲れを存分に癒したい。ついでにキレイになること、やたらめったら取り入れたいな～。

ベルリン在住の日本の女性を知り合いに紹介していただいていたので、メールで聞いてみた。

「サウナとか、スパとか、そんな施設でオススメがあったら教えていただけますか？」

さっそくいただいたお返事には、いくつかのスパの名前が。

その一番上に書いてあったのが、「ヴァバリ」だったんだ。

「わたしは行ったことないけど、ここのサウナは地元の人に評判いいですよ」

翌日さっそく、グーグルマップの言う通りに、ベルリンの中央駅から歩いて行くと、すぐそこに小さな森があって、その中に「ヴァバリ」はあった。

無数の国際列車が乗り入れる、大きくて忙しい、いかにも大都市の中心、といった様子の駅のすぐそこに森。ベルリンって、懐深い都市だこと。

さて、受付をしようか。料金体系は利用時間によって3タイプある。2時間で19・5ユーロ（約2400円）か、4時間で26・5ユーロ（約3300円）、一日使い放題で33・5ユーロ（約4100円）か。わたしは、他にも行きたい場所があるので、2時間にしておいた。

レセプションを出ると、森の奥へずずいと続いて行く通路があって、そこを辿ると、セレブ感しかないスパの建物に到着。

中にはまたレセプションが。ここのカウンターでは、とってもやさしそうなにこやかな女性から、ロッカーの鍵やタオル、バスローブなどを受け取った。そうそう、外国のサウナだから、確認しないとね。

「サウナは水着を着て入るのですか？」

ホームページの画像は、雰囲気を出すために、水着ではなくバスタオルを巻いて撮影したのじゃないかと踏んでいるんだ。

「水着の着用は禁止なんです」

へ？　あ、そうなんだ。バスタオルで入るんだ。もしくは裸かな？　日本みたいで意外だな。ジャパニーズライクな内装だから、考え方も近づけてるのかもしれないな。

ちょうどそのとき、向こうから人がやってきた。

おぉ！　バスタオル一枚を、お風呂上がりのしずかちゃんのように巻きつけた裸足の女性が、スタスタと歩いてくるじゃないの。ここレセプションなのに、大胆〜。背筋をピンッと伸ばした、迷いのない堂々とした態度がいいわぁ。

ていうか、ドイツの人って、こういうはっちゃけた感じなんだっけ？　どちらかと言うと、保守的でお堅いイメージの方が強かったんだけど……国際都市ベルリンならではかな。

ロッカールームでおっさんに遭遇

ロッカールームの方へ進むと、いくつか入り口がある。わたしのロッカーはどの部屋にあるのだろう？　すると向こうからバスローブを着た女性が歩いてきた。まずは彼女と同じ部屋に入ってみようかな。そこは、日本でもよくあるジムのロッカールームのような作りになっていて、並んだロッカーの前で女性が数人着替えていた。

え〜と、わたしのロッカーキーの番号を探さないと。奥まで進む。あれ？

裸のおっさん、お着替え中！

す、すいませーん！　大変失礼いたしました！

なぜか、どこでどうしたことか、間違えて男性ロッカーに来てしまったみたい。慌てて辿ってきた通りに引き返し、入り口辺りまでやってくると……う〜ん。やっぱり女性が着替えている。謎すぎ。

もしかして、同じ部屋でざっくり男性エリアと女性エリアに分かれてる？　そんな雑なことってあるかしらん……。

そういえば、よく見ると自分のロッカーの番号はこの部屋のものとはかけ離れているじゃない。そうか、別の部屋だったのか。ひとまずそこを出た。

今度は、入り口に自分の番号がしっかり表示されているロッカールームを見つけて入る。その部屋は小さめで、入り口から奥まで見通しが利いた。うん、ここには確かに女性しかいない。

あ、もしかしたらさっきの更衣室は、カップル専用なのかな？　ヨーロッパって、何かとカップル単位で動くし。そうか、こっちはおひとりさまルームってことかな。

では着替えよう。そうだ、さっきレセプションで水着の着用はダメって言われたんだった……オーケー！　裸にバスローブという不慣れな姿になると、白いバスタオルを持ってロッカールームを出る。そこはまだ、男女が入り乱れる空間だ。

今、裸にバスローブで、ちょっと恥ずかしいけど……。まあ！　みんな同じだし、気にしなーい。気を強く持って進むと、すぐシャワーエリアに。

なるほど、順番としてはまずシャワーを浴びて、それからメインのところへ行くんだな。

ん？　でも、水着を着ていないから、プールはないだろうし、このシャワーは……きっとサウナ前のシャワーだよね。メインエリアはサウナばっかりなのかな。その辺りで男女が別になるのかな。まぁ、行けばわかるからいいや。

シャワー室の扉を開けた。

すると、ちょうどシャワーを終えたバスローブ姿の男性が。

しまった、また間違えた！

「レディースはあっちだよ（ニコッ）」

あぁ恥ずかし……。

くるりと反対を向くと、しっかり「女性用」と書かれたシャワールームがあるじゃない。

「なんで間違えた？」

ぼそっと自分につっ込んで、ひとりで笑いつつシャワーを浴びる。

いや〜、ひとり旅の弊害その1だよね、ひとり言（笑）。ともあれ、再びバスローブを着ると、いよいよメインの何かにつながる扉を開ける。

サウナは、真っ裸三昧、肌色ランドスケープ

う〜ん、まぶしい！　そこは、光と緑でいっぱいの、絵に描いたようなリゾート空間。

中心に大きなプールがあって、その周りにはリクライニングチェアに寝そべるバスローブの男女。奥にはおしゃれなテーブルがたくさん並んでいて、食事とワインを楽しむカップルがいっぱい。すがすがしく秘められた、とびきり上品な大人の楽園。大都会の真ん中でこんなデートができるなんて最高すぎる。

この様子を目の当たりにしたら、さっき疑問に思ったプール問題とか、サウナメインの予想とか、一気に答えが見つかった気がした。きっとプールは雰囲気用でしょ。水があった方が色っぽいもの。サウナは、まぁどこかにあって、その辺で男女が分かれるんでしょ。

そのとき、プールの中に人影を発見。泳いでる？

まぁ、たまにはいるか……っているか？　水着禁止で、いるか？　あ、こっちに泳いできた……上がった……おぉぉ！

ブロンドレディが、プールから上がってきたよ。真っ裸で。

なんのおとぎ話だよ！　いや、でも、水着禁止なんだから裸で泳ぐのは仕方ないよね、たまたまプールサイドに人が集まっているだけで、そこに上がってくるのも当然のお話。

つじつまを合わせようと、一生懸命思考をこねくり回す。えっと、つじつま合わない。彼女は人魚でした、チャンチャン。とか言って丸く収めるしかないではないか……。

頭が混乱、大混乱。ともかく目的を果たすべし。サウナだよ、サウナ。疲れをとって、汗を流してキレイになるんでしょ。

サウナを探して、みなさんが優雅にくつろいでいる空間を歩いて回ると、プールの奥に発見。さあ、今度はさっきのシャワーのときみたいに男女の部屋を間違えないよう、しっかり確認しないとね。女性の入り口はどこかな～。

ん？　扉、ひとつしかない、よね？

そのとき、後ろからいかにも筋肉質な若い男性がやってきた。しまった、また間違えたらしい、引き返さなきゃ。と思った瞬間、彼ったら。

わたしの目の前で、サラリとバスローブを脱いじゃった。

真っ裸やん！　キン肉マン、マッパやん！

こちらは固まっているけど、本人、平然。壁のフックにバスローブをかけると、サウナへと吸い込まれて行った……。

さ、さっさとここを離れねば！　と思ったところでやってきたのは、うら若い栗毛色ヘアの女性。あぁぁ彼女も、サラリとバスローブを脱ぐ……ためらいゼロで、素っ裸ぁ。そして、彼が入って行ったその扉に、吸い込まれて行きましたとさ。

素っ裸の♀が、素っ裸の♂と、同じサウナへ入って行ったよ。

サウナの入り口は、どうやらひとつで正しいらしいよう。老若男女が仲良くひとつのサウナに入るらしいよう。

わたしが、目をまん丸くして固まっている姿が、簡単に想像つくでしょう？

あちこちの辺境秘境で、いろんな習慣をもつ方々と出会ってきた方だとは思うけど、そんな経験じゃ追いつけない。今、思考の焦点がまーるで定まらないんだ。

大変に、大変に、戸惑っていると、今度はタオルを巻いた女性がやってきて、その姿のままサウナイン。ほっつっつ。

な〜んだ、それもありなんだ。よかったよかった、そりゃそうだよね、みんながそんな気丈なはずはない。では、わたしも倣って。ささっとバスローブからタオルに巻き替え、次に同じようなスタイルで入る女性を待つ……と、すぐやってきた。さぁ、今だ。彼女の後ろについて入室。すると中は……。

真っ裸三昧、肌色ランドスケープ。

右にも左にも前にも、日本のサウナと同じ、段々になっているところにみっちり人が座ってる、裸で！

肌色を冒すものなんてないから、空間は肌色一色、圧巻！　前を行く彼女も、わたしも、白いバスタオルを巻いているから、まるで違う部族。肌色族に捕まって、彼らの集会で真ん中に引っ張り出された敵方白族の偵察部隊のよう。あぁ、目がチカチカする！

心の中が急速なお祭り騒ぎで、てんやわんやになった次の瞬間、前の彼女は歩きつつ「ふぁさっ」。バスタオルを脱ぎ捨てた、裸になった、肌色族に寝返った！

わたしは、わたしは、前を歩く先輩のようにはできず、タオルを巻いたまま、後ろの段にスペースを見つけて、ササッと引っ込んで座った。

はぁぁ……なんとか陣地をとって、ひと安心。で、顔を上げると、改めまして、おぉぉ！　まさか、異性の裸を、こんなにまとめて目にするとは（棒読み）。

そして気づく……ただひとり、わたしだけが白いタオルを巻いている事実に。なんて目立っているんだ自分。裸になった方がよっぽど身を隠せる、周りと同化できる、今や裸こそ迷彩服だね！　とはいえ……。

あぁ、裸族の民よ、いつどうやってこの羞恥心から逃れたの？

……逃れた？　そうか、自分の羞恥心から逃れることは、自分にしかできない。恥ずかしいと思うことをやめたから、見られても平気になったのか。

はいっ！　深呼吸からの～、脱タオル巻き。わたしも裸になったのでありました（無心）。

色気って一体なんなのさ

そしてまず脳みそが叫んだこと。

イブは総出で裸なのに、アダムたち平然……なめられたもんだな！

そう、平然なんだから！　この際まじまじアダムたちの全身を見ちゃったけど（笑）、誰ひとりとして、大変なことにはなっていない。こんなに、決死の覚悟で裸になったのに、なんか悔しいよね！　わたしたちに色気がないとでも言うのか。

あ、いや……大変なことになられても困るんだけどさ……ぶつぶつ。

でもそうだ。別に平然としているのはアダムだけではない、イブたちだってそうでしょ。イブのひとりのわたしだって、誰にも色気を感じてない。どころか、全員ジャガイモにしか見えてない。よく鍛え上げられた凹凸のくっきりした肉体が、ごつごつ無骨なジャガイモのごとしだよ、今年の作物は大きく育ったな！

う〜ん、色気って一体なんなのさ。

緊急で、色気の正体を暴くための脳内検証が始まった。今、裸に色気を感じられないなら、服を着たら感じるとでも言うのか。ではちょっと、誰かに一枚一枚着せてみよう、頭の中で。すいませんけど、前にいる彼女！

まずは下着からよろしく。そうだ、Tバックにしよう、裸により近いから、スレスレの検証ができそうでしょ。はいてよ、Tバック。

はっ。エロいかも。早くもエロい。ちょっとこれ以上想像したら申し訳ないほど色気を感じる……すごいな。あんなヒモみたいなものでこの威力。

じゃあ、今度はヒモで検証しよう、隣の彼よ、ごめんなすって。腰の辺りにヒモを一本巻かせていただきますよ。
エ、エロい、エロ〜い！　あなたは究極のアダムだわ！
そう、さっきまでジャガイモだった彼は、一瞬にして人間の色気たっぷりの男に昇格……まさか、たった一本のヒモが人の情感を５４０度変えるなんて。

すごいなヒモ！

これは、たとえヒモ一本でも、体を隠そうと意思表示した瞬間に、色気を感じたってことじゃない？

色気とは、羞恥心の賜物なのか。

さっきわたしは、バスタオルを脱ぎ捨てることで、羞恥心だけではなく、色気をも捨てたんだ。

理論的には脳みそが整ったけど、感情はまるで伴わない、あぁぁぐちゃぐちゃの渦に吸い込まれ〜……ているうちに、ニューキャラ登場。

赤いチェックのサロンを腰に巻いただけのキン肉マンがサウナに入ってきた。手には、バケツと柄杓《ひしゃく》。同時に、静かだった人々が「わー」っと歓声。

飛んで火にいる夏の虫とは彼のこと！　布切れ一枚で体を隠してるから、みんなが色気を感じて仕方ないんだよ。肌色族の集会の真ん中の気分はいかが？

あらま、急に自分が、四方八方にいる同じ境遇の肌色な人々に、仲間意識を感じているからおもしろい。これって、制服の効果じゃない？……まぁ、着てないんだけどね、制服は裸です。

すると、すぐに赤チェックの彼はドイツ語で何かを話しだし、我が肌色仲間は「わー」っとまたも喜ぶ。どうやら彼は、血祭りに上げられた生《い》け贄《にえ》ではなく、服を持たない民の前に現れた英雄？

続いて彼は、バケツの水を柄杓ですくい、部屋の真ん中にある、あっつく焼けた石にぶっかけた。じゅじゅじゅじゅー！　ムワッと一気に室内の温度が上がって……１００度以上はいったかな？

すると、あろうことか赤腰巻きの筋肉男は、無抵抗の真っ裸大男の目の前で、タオルでブワッと扇ぎ熱風を浴びせかけた。

「ううううう！　むぅぅぅぅ！」

マッパは叫ぶ、ただただ叫んで耐える。

なんだコレ!?　地獄絵図だよ、あ、そうか、ある世界から見たら天国絵図だね！

赤チェックは容赦なく、裸の女性にも熱風攻撃。

「ううううう」

露《あらわ》な姿のイブがうめく……。

なにこれ、SM⁉　いや……SMなら色気があるんでしょ？　いや知らないってば！　と思ったところでわたしの番。

「うぅぅぅぅぅ」

こ、これは熱い！　瞬間的に120度とかいってるでしょ、そんな体験ないから想像だけど。息すると気管が熱くて、体の中まで燃えそうなんだ、助けてー！

ピタッと頭の中が静かになった。容赦ない熱攻めで、思考回路が完璧に断絶されたんだ。めまぐるしく回っていた脳みそに、ようやく平穏が訪れる……。

彼は2周ほど同じ試練を裸の民に与えると、また、堂々と真ん中にたちはだかり、何かを言う。そして、民は自らを痛めつけた彼に拍手。その表情はどこか恍惚《こうこつ》としていて！　ぐったりの先にあるエクスタシーを引き出してくれてありがとう、とでも言っているのか……彼はやっぱり英雄だったのだな。そして赤チェックは、ひとり部屋を後にした。

呆然《ぼうぜん》。

服を着ているのが恥ずかしい！

英雄が去ると、みんなは思い思いに腰を上げだした。なんだか不思議と、一体感が漂っているんだよね。同じ試練を乗り切った仲間的なね。その後、それぞれがシャワーへと向かい、続いて35度くらいのぬるめのお風呂へと流れ、仲良く譲り合いながらつかるのだった。

わたしも仲間に倣ってシャワーを浴び、ぬるいお風呂へと向かう。

あ。髪の毛が、く、黒い、肌の黄色い、小柄な男性がいるじゃないの！　もしかしたら日本人？

すっかり真っ裸で歩くのもへっちゃらになっていたのに、急〜に恥ずかしさが戻ってきて、思わず隠れる。でも、中国語で話してるのを聞いたら、また恥ずかしくなくなった（笑）。

なるほど、相手が持っている「恥ずかしい尺度」に合わせて、こちらの恥ずかしさが変わるんだな。まぁ、日本人だってみんなが同じ尺度とは思わないけど、おおざっぱなメモリはきっと一緒でしょ。人間って環境の動物だものね。

さて、さっきの赤チェック氏による儀式の名前は、アウフグース。サウナの故郷、フィンランドで言うところの「ロウリュ」だ。

寒い寒い北の国の人々は、滅多に汗をかくことがないので、こうした熱波で大量の汗をかくのが健康的にも重要と言われている。

わたしは日本のスーパー銭湯で、女性の係員がサウナに入ってきて、ぬるい蒸気を作り、「えいやー」とかわいくタオルを振り回す、ロウリュっぽいものしか知らなかったんだよね。まさか、キン肉マンの骨太極熱アウフグースに出会えるなんて……びっくりしかなかった。

その後は、森の中のベッドにねそべり、バスローブでごろごろ。

そういえば、さっきカップルもいたなぁ。仲良く二人で裸だったなぁ。二人の間にやらしさがなかったのは不思議だな……いや、そんなことより、よく相手を公衆の面前に裸でさらすよなぁ。それも、「サウナで裸」は当たり前ってことの証なんだろうなぁ。

清々しい空気を吸い込みつつ、激しくも楽しい脳みそ運動の結果をまとめていた……ていうか、疲れた。頭はここちいい疲れでいっぱいだ。でも、体は確かにすっきりしている。かいた汗の量はハンパないからなぁ。

ふと気づくと、1時間半以上が過ぎていた。濃密な時って、本当に一瞬に感じられるよね。

初めに使ったシャワー室へ戻り、体を流しつつ、ぼんやり考える。なんで裸で入り乱れるのに、シャワー室は男女別なんだろう。

あれ。「シャワーは男女共用で充分」とか考えてたよね、今、自分。脳みその回路が引っくり返ったか。

とまぁ、めくるめく初体験と、そこから得るお初の思考に感謝しつつ、帰り支度をしたのだった。で、去り際……さっき裸で顔をつき合わせていた人たちに再会……お互いニコッ。服を着ているのが、とっても恥ずかしい！

ユースホステル発祥の宿はもちろん……

う〜ん、ベルリンって、なんて刺激的な町なんだ。実は、この裸体験に留まらず、この町に到着した瞬間から、クラクラしっぱなしだったんだ。

スイスのリーダーアルプから、ベルリン駅に到着したのは、ハダカ前日の午後8時。うわ、かっこいい……未来空間な駅。ホームは隣にも上にも下にもいくらでも広がって重なり、たくさんの人が空気のようにスースーと流れて行く。自然光が下のフロアにまで流れ込んでいて、とっても開放的。そういえば、行き交う人々の表情が軽やか。どうやら各国からの旅行者も多いみたい。旅する人の人口はドイツが世界一と聞いたけど、そんな土壌も関係あるのかもしれないな。

ともあれ、今夜の宿に行かないと。あ、名前しか知らない。住所や行き方、調べるの忘れてた。Wi-Fiルーターは持ち歩いていないから、検索できないし……う〜んまいったな。ひとまずバス停に行ってみようか。

バス停でわかるはずもない路線図を眺めていると、

「大丈夫？　どこに行きたいの？」

男性二人組が、とってもなめらかな英語で声をかけてくれた。

たぶん、同年代のバックパッカー。黒髪黒目、小柄な体型のアジア人。韓国の人かな。事情を話すと、スマートフォンでパッと宿への行き方を調べてくれた。

「ありがとう、とっても助かりました！　あ、どちらの国の方ですか？」

「アメリカだよ」

そっか……がっかり。

実はこのとき、ものすごくアジア的な感覚を求めていたんだ。

ヨーロッパのひとり旅は初めてだったけど、想像以上に契約社会だということを思い知らされていた。情状酌量は通じないというか……。知らない規定を違反していて罰金をとられるとか、まぁ当然のことだけどね（笑）。

ちょっとしたお堅い出来事を積み重ね、これまでのアジアや南米の旅で触れ合った、ある意味大ざっぱで、やんわりした感覚がなつかしいと思っていたんだよね。

でも、がっかりした自分に気づいてギクッ。国籍を聞いて距離を感じるなんて、おかしすぎる、ナンセンス！　今ここで心を通わせたのに。気づけて本当によかった。

さて、無事に「ベルリン・ユースホステル・インターナショナル」に到着。

建物の大きさにびっくり。さすが、ユースホステル発祥の国だけある。ロビーは、様々な髪色と顔立ち、おひとりさまからご家族、団体さんまで。まさに老若男女でにぎわっている。

カウンターへ行くとスタッフさんが、

「こんばんは！」

とっても元気。ていうか日本語だ。

「お母さんは北海道人、お父さんはベルギー人。日本語少〜し」

とウィンク。それで今、彼はドイツに住んでいるのね。

部屋でひと休みすると夜の10時、辺りはやっと真っ暗に。6月のヨーロッパってこんな感じだ。ぜんぜん夜が訪れなくってお得な気分。

時間は遅いけどおなかはすいている、夕食に出かけよう。

宿の周りを歩いて探すと、開いていたのは1軒のみ。フィリピン料理屋さんだった。

店員さんは、ちょっとエキゾチック風味もある西洋顔。背は高くて、がっしりした体型。やさしい笑顔が印象的な人だった。

フィリピンの家庭料理「アドボ」を注文。酢漬けにした鶏肉か豚肉を、醬油ベースで煮込むのだという。

ドイツビールを飲みつつ、待つこと5分。料理が運ばれてきた。早い！　アジアの屋台みたい。

鶏肉をごはんと一緒に口に運ぶ。や、やわらか〜い。醬油とニンニクとエトセトラな味わいは、ビールと相性抜群、たまらないや。

それにしてもこんな本格的な料理、どうやってドイツの人が習得したのだろう。

「母親はフィリピン人なんだ、しょっちゅう食べてるよ」

西洋の顔して、おふくろの味は醬油味の煮込みとは。ふふっと笑っちゃった。

店を出て道を歩く。あちこちにあるバーがにぎわっている。窓越しにのぞくと、様々な顔立ちの人が否んでいて、不思議な一体感。

……気づいた。頭がクラクラしてる。空気が自由で刺激的。ベルリンに到着してから接してきた人で、わたしの国籍を聞いてきた人はただのひとりもいない。興味がないんじゃない、彼らが接しているのは、日本国籍のこの人じゃなくて「わたし」。

国籍は関係ない。人です、自分ですってだけ。これが、ベルリンだ。

その高尚さすら感じる精神的な自由に鳥肌がたって、そして、前述の肉体をも解放しまくった裸族体験が重なってしまい——。

一生に一度はこの都市に来て、あらゆる角度から自分の脳みそに風を吹き込んだらいいんじゃないの、と真剣にお勧めしたくなってくる。

ねえさんが許す。みんな1回脱いでくればいい!

水着着用可のスパに行ったはずなのに

……と裸族直後は本気で考えたけど。日本の、特に女性が、そう簡単に殿方の群れの中で裸になれるとはやっぱり思えない。そういえば自分自身、知らずにマッパワールドに飛び込んでしまったという事故により、裸になっただけだしね。

ならば、もう少しハードルの低い肉体解放体験はないかな? それでも何か新しく開けるものがあるんじゃない? そういうところを探そう。

そんな目線で検索して見つけたのは、ホームページのトップにビキニのレディ画像があるスパ「リキッドロム」。

これだけ明らかに水着姿を出しているのだから、裸混浴ってことはさすがにないだろう。

さて、翌日の夜、メッカーンブリュケ駅から歩いて「リキッドロム」へ行ってみた。大通りに面した入り口を開けると、すぐにレセプションが。昨日の大人の高級リゾート感とは違って、もう少しお気軽に踏み入れられるカジュアルさがある。都会のスタイリッシュなジムっぽい。仕事帰りに自分磨き目的で使ってます、という人も多そうだな。

料金は2時間で19・5ユーロ（約2400円）、4時間で24・5ユーロ（約3000円）、一日使い放題で29・5ユーロ（約3600円）。もう遅い時間だったから、2時間コースしかないな。

受付をしてくれたのは、にこやかなスポーツマン風の男性。そうだ、念のため聞いておこうかな。

「ビキニは着ていいのですよね？」

「もちろん、着てくださいね〜」

ほっ。

男女がキッパリ分かれたロッカールームに入る。ほどほどに大きな荷物でも入りそうなロッカーと、着替える場所、イスに、カーテンルーム。特別な高級感はないけど、ピッカピカの清潔さは抜群できもちいいよ。

この旅の前半、ブルガリアのソフィアで買ったビキニ（他の町よりかわいいのが多かったように思うのだけど……思わず2つ買った）に着替え、タオルを持ったら更衣室を出て10メートルほど進む。そしてお気楽気分でスパの扉を開けつつ後ろをパッと振り返ると、更衣室からもうひとり女性が歩いてくるのが見える。うんうん、ビキニ着てる、ホッとするな。

前に向き直ると、今度はスパの奥から歩いてくる女性が目に入る。着てない。裸だ、マッパだ……このイブめ！

ビキニ着ること1分。スパ入り口辺りで水着を脱ぎ、再び裸族の仲間入り……。だったら初めっから脱がせとけ！　しかも、ここはバスローブがないものだから、サウナ周辺だけでなく、そこら中が裸なんだよ……。

そうそう、今日はここで夕食を食べるつもりだったんだ。ビキニを着て、プールサイドでお食事って気分いいはずでしょ。なので、とっても腹ぺこ。

結局、裸でバーカウンターに座り、ベーグルサンドをいただきました。スモークサーモンとクリームチーズという安定の具材は、やっぱりおいしかったです。ていうか、いつもの１００倍、この安定の味に癒されました。

自分の不安定っぷりが、激しすぎたものでね！

ツルツルのドイツ人に囲まれて

おなかが満たされると、さっさとサウナに行って目的を果たすことに。ここは、昨日のくつろぎスペース中心の構造とは違って、サウナがメインに作られているみたい。プールの周りには、4つのサウナがある。

まずは手前の「ヒマラヤソルトサウナ」と書かれた部屋を開けると、2畳ほどの狭い空間になっていて、壁はピンクソルトでできている。40度とか、50度くらい？　低温だけど、塩から発せられる遠赤外線で、体の芯から温められる効果があるそうな。確かにじんわりくる気がするな。

それに、光がピンクソルトに反射して、空間全体がなんとも温かでやさしい色に包まれているんだ、う〜ん、安らぐ。これなら、裸で密集してても、脳内穏やかでいられそう。

そう、密集。先客が3人。それにわたしでいっぱいくらいの狭さなんだ、ここ。

メンバーの内訳は、おなかの大きな初老の男性ひとり、働き盛りの筋肉もりもり系男性ひとり、若めの赤髪レディひとり。そしてわたし。見知らぬ男女が、真っ裸で肩を寄せ合い、談笑……。

無理あるわ！　昨日よりさらに丸見えやん……。

おかげさまで、ちゃーんと認識できたことがある。男女とも、ドイツ人（西洋人？）は100％「つるつる」ってこと。昨日も、うすうす気づいてはいたけど、驚くことが多すぎて、毛にまでしっかりとは意識が及んでいなかった。

これだけ、お互いをまじまじと見える距離にいるんだもの、ばっちり認識しましたよ。

そして、昨日の光景をフラッシュバック。うん、みんなそうだ。男も女も、毛なんてない。……口ひげ、胸毛はボーボーでもな！　あ、わたし？　日本人の平均です。

しばらくして移動。なんとなくスチームサウナはスルーして、大きいサウナへ行ってみる。20人くらい入れそうなサウナが2つ。

どうやら温度によって分かれているみたい。で……なんたることか、ガラス張り。そのスタイリッシュさ、いらないってば。真っ裸のアダムとイブがごろごろしてるの丸見えなんだよ、きもちよさそうじゃん！

そう、マッパ二連ちゃんのわたしは、瞬時に心地よさを見いだしていたのでありました……びっくりだよ！

ところで、ドイツのみなさん、足元は大抵ビーチサンダルをはいていた。体は露なのに！　それが個人的にはツボ。

中学生のとき、国立西洋美術館で、裸の女性が靴下だけ身につけ、ソファに横たわる絵を観た。とっても挑発的な表情と物腰だったんだ。あの衝撃が、今でも忘れられない。

靴下は脱ごうよ！

裸まであと一歩なのに、なんで省エネしたんだろ……ひとりうつむき、心の中で爆笑。だから天才の頭の中ってわかんないよね、ひねりすぎでしょ、このエロス。と、思い続けて生きてきたけど、今解決。あれはこちらの風土の、正当なバランスだったのか。巨匠、ごめん！

アロマオイルマッサージでも結局……

さて、ここではアロマオイルのマッサージを25分間で予約していた。もっと長く受けたかったけど、空いていなかったので仕方がない。料金は35ユーロ（約4270円）。

約束の時間にバーカウンターへ行くと、とってもやさしそうな笑顔の男性がやってきた。あ、ちなみにこのとき、ビキニは着ていたよ、着用オーケーと言われていたので。

そういえば、セラピストさんの性別を確認するのを忘れてたなぁ。まぁ、コレだけオープンな日々を過ごしているんだもの、聞く気も薄れるよね。

それにしても男性か。まぁいいか。まぁいいや。

彼に案内され、プールサイドに並んだ個室の一室に入った。3畳くらいの狭い空間は、薄ぼんやりしたオレンジの灯りで満ちている。部屋の真ん中には真っ白なシーツが気持ちよくピシッと敷かれた施術ベッドがあり、その上には紫色の蘭が飾られている。

セラピストさんは物腰柔らかいし、雰囲気はとろ〜り休まる感じだし、きもちのいい時間になりそうだな。

「ビキニを脱いで仰向けで寝てくださいね」

あ、は〜い。もうさんざん脱いだから、慣れてるよ。

……て、ちゃうちゃう、慣れてない！　あんた男、わたし女、この閉ざされた部屋で一対一！

また緊急で脳みそがぐるぐるしだす……。ただ、でも、ここもそれなりにハイソな空間なはずで、みんなの感覚がとち狂っているだけで、あ、いや、それがここでは常識なわけで、この裸帝国の民から見たら、脱ぐのにいちいち動揺してるわたしの方がとち狂ってる訳で……。

えーい、まどろっこしい。

脱ぎましたよ。仰向けにベッドに横たわりましたよ。

あぁぁ、つるつるのドイツ人に、ジャパンの森を公開してしまった……今日が裸族だって知っていれば……。

でも、すぐに白い布をかけてくれたから平気平気。施術する箇所だけ、布をめくる感じ。

ほどなく、人肌に温められたオイルがたら〜り。う〜ん、どこかエキゾチックで、ほのかに甘い、いい香り〜。足元から始まった施術は、本当にきもちよくて、一気に警戒心はゼロに。

「これはどこの国のマッサージ？」

「初めはアメリカで学校に通って、その後あちこち旅して、いろんな国で学んだんだ。それから自分なりに各地のよさを取り入れていったよ。とくに影響を受けてるのはインドのアーユルヴェーダだね」

あ、なるほど〜。わたし、アーユルヴェーダは大好き。その思想の根本がそもそも好きで、すべてのリラクゼーションの基本も、アーユルヴェーダにあると思ってる。そんな共感するようなこと言われるとうれしくなっちゃうなぁ。どんどん心がほぐれる。

それに、本当にここちいい。肌の上を滑る手の圧力とか、波打ち加減とか、彼の呼吸がいい塩梅で、あっという間に眠くなる……うとうと……。

はっ。今、胸、揉んでますよね？　目がバッチリ開く。目が合う。彼、やさしく微笑む。悪気の影はひとかけらも見えず……正しい施術のようだ……。

もう、意味わからずそのままマッサージは進み、あっという間に25分が経過した。

マッサージの腕は本当によかったんだよ……。

ビキニを再び着ると、顔写真を撮らせてもらう。

「SNSにアップしても平気？」

「もちろんだよ（ニコッ）」

てことは、やっぱりアレで正しかったんだな。やましいことあったら絶対ノーだもの。名札もアップで撮ったしね。

マッサージの部屋から出ると、もう閉店の時間だった。と、そのとき、一番奥に重そうな扉を発見。ぜんぜん気づいてなかったな〜。ちょこっとのぞきに行ってみよう。

扉をうんしょと押し開けると、そこは、モスクみたいなドームの天井が印象的なプールで、薄暗い青い光がぼんやり満ちる空間だった。円形のプールの直径は、15メートルくらいはありそうで、なかなか広い。

入ってみると、水温は36度くらい？　お風呂よりはちょっとぬるい程度の温水で、水深は肩くらいまでと、なかなか深い。無数のパステルカラーのボールがぷかぷか浮いているんだけど、その中にはほのかな灯りの電球が入っている。

はぁぁ神秘的。ぼんやり浮いていると、無重力の宇宙で回遊してるみたいな気分になってくる。

とはいえ閉店。行かなくちゃ。

もっともっと、味わっていたいプールだった。

うん、「リキッドロム」は、オススメだなぁ。

「へっ⁉」って言った？　いえね、ドームのプールは水着の着用が許されているから、裸になる勇気がなくても、そこの異次元感覚は味わえるので。ついでに、21世紀のアダムとイブまでのぞけちゃうなんて、だいぶ価値がありすぎるでしょ。

そうそう、マッパの理由を後で現地の人に聞いたら、こう言ってる人がいた。

「汗ビチョビチョのタオルを巻いてたら、不潔でしょ」

ふーん、そんなもんか。

それにしても、裸現場の2ヵ所で出会ったドイツの男性は、全員本当に不思議だ。なんで誰も反応しない？　どんな秘密があるんだろ……。

と思い、後日ＳＮＳでそんなようなことを発信したら、ある男友だちが答えてくれた。

「現地の人に聞くと、思春期はヌーディストビーチに行って興奮して、サウナに行けるようになると、また最初は興奮して、そうやってだんだん慣れてくるそうです。てわけで慣れてるだけで結構ガン見しとる、とそいつは言ってた」

なるほどねぇ……（笑）。

ドイツの最先端コスメ事情

さて、ドイツのお手軽ビューティでお勧めしたいのは「ＢＩＯコスメ」。初めに少し書いたように、ドイツのＢＩＯの進みっぷりはすごい。コスメ以外にも、お肉や野菜、乳製品にパンにお菓子、生活雑貨と、ＢＩＯ製品で溢れてる。

特にコスメは、安いものから高いものまでとっても種類豊富で、売り場に行くと、いつも興奮しっぱなし。あんなにいっぺんにＢＩＯコスメを見ることってそうないし、パッケージは大抵かわいいから、あっという間に時間が過ぎてしまう。

いろんなお店で扱われているけど、お店として見つけやすく、取り扱い商品が多いのは、ドイツのマツキヨ的存在のドラッグストアチェーン、「dm」と「Rossmann」だ。どの町に行っても必ずと言っていいほどあるから、是非寄ってみて。

メーカーは本当に多くて、特定のオススメを言うのは至難の業だけど、個人的には「LOGONA」が好き。化粧水からクリーム、美容液などの基礎化粧品、リップなどのメイクアップコスメ、シャンプーなどのヘアケア製品までなんでもある。パッケージはかわいいし、値段は10ユーロ（約１２２０円）前後の商品が多くて手頃だし、サンプルの使い心地は軽すぎず重すぎず丁度いい具合だし。初めはそんなきっかけで選んだ。

後に、このメーカーは30年以上前に創業されたと知って関心が募って。まだまだＢＩＯが一般的ではなかった頃から、ずっと信頼を集め続けているのはすごい。さらに愛が深まった。

男女問わず、是非お勧めしたいのは歯磨き粉。ドイツに行くと必ず大量に買うよ。日本の歯医者さんも、訪れれば必ず買って帰るとか。

なぜって、歯を白くするフッ素の配合量がとっても多いから。日本では1000ppm以下にする決まりがあるけど、ドイツの歯磨き粉は、ほとんどが1450ppmと、1・5倍ほどの大盤振る舞い！　その上、1本1ユーロ以下から売られているから、お買い得すぎる。

日本で買える、歯を白くする歯磨き粉は1000円くらいするでしょ。そういえば、わたしが買っていたのもそのくらいの値段で、ドイツ製だ。でもやっぱりフッ素量は1000ppm以下なんだから、ドイツに行ったらどうしたって買いだめするよ。

それから、集中ホワイトニング製品も安くてうれしくなる。塗るタイプ、貼るタイプといろいろあるから、どれもこれも試したくなるな〜。

わたしは今、「Rossmann」オリジナルの塗るタイプを、せっせと寝る前に使って実験している。1本1・5ユーロくらいで4本買ってきたけど、全部使い切ったらどのくらい白くなるんだろ。ちなみに、塗り忘れる夜も多いので、1本2ヵ月くらい持っていて、なかなか先が見えないんだけど（笑）。

そんなわけで、ドイツの美容旅はかなり熱いよ！　裸サウナで既成概念をぶち壊し脳みそビリビリ言わせるのはいかがでしょ。BIOコスメの物色で女子らしくうきうきするのも絶対いいよ。歯磨き粉を買いだめするのも忘れずに！

ヴァバリ（vabali）
Seydlitzstraße 6, 10557 Berlin
http://www.vabali.de

リキッドロム（Liquidrom）
Möckernstraße 10, 10963 Berlin
http://www.liquidrom-berlin.de

Beauty World Trip 9

トルコ

はみ出るおっぱいにTバックプレー、とにかくウケる伝統ハマムでつるつる美肌に

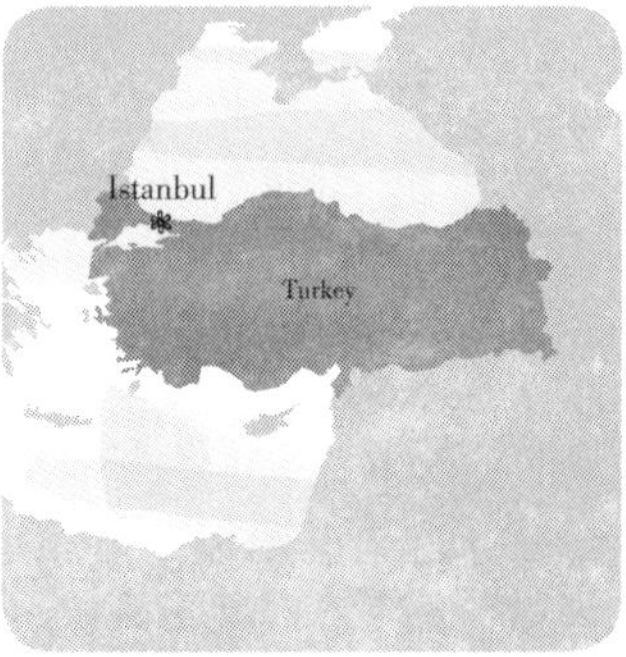

発見された謎のメモ

謎のエバーノート（クラウド上のメモ）を見つけた。

「トルコのハマムはおもしろい。笑えるから行った方がいい。選定基準Tバック」

旅中の感想は、その場ですぐさまエバーノートにメモをする、わたくし。臨場感溢れる文字列なのよ。ということで、気になる「選定基準Tバック」のお話をしようじゃありませんか。

あ、もちろん、ハマムには美肌効果もありますよ。あわてて付け加えた感もりもりかもだけど、ほんとだよー。

トルコの主要都市イスタンブール、ヨーロッパ大陸とアジア大陸にまたがる街を訪れた。旅人の心はもちろん、地元っ子の魂なんてきっとなおさら摑んで離さない、とっても魅力的な街なんだ。

折り重なるように林立するモスクと、街の縁をぐるっと取り囲む海、ガタゴトと音を立てて並木道や海岸っぺりを走り抜ける赤や黄色のトラム（路面電車）たち。エキゾチックに香るマーケットに、東西のセンスがミックスされたおしゃれなカフェやバーに、おいしくて、洗練されたムードのレストラン。

それから、なんといっても特徴的なのは、アグレッシブすぎるくらい人懐っこい人々だ。

女性ひとりで歩いてたら、3メートルに1回は声かけられるでしょうよ。嫌気なんてささないよ、挨拶みたいなものだから。笑顔だけ振りまいて華麗にスルーだ。あ、ただし、疲れてるときは、嫌な表情全開で無視するんだけどね。ごめん！

ちなみにそういう人たちは主におっちゃん……というか、若いのかもしれないけど、童顔ジャパニーズ目線でお顔を拝見すると、正直、全員もれなくおっちゃんに見える。いや、ダンディに見える（笑）。やだなー、悪口じゃないんだけどこれ。愛するトルコなんだから。お間違えなく〜。

はい、ここでいきなり脱線。

以前、美男美女の産地と名高いエーゲ海沿岸の都市イズミールへ行ったときのこと。

ツアーコンダクターの仕事でね。本当に、あの街は人々の様子が違うんだもの！　バスの窓から街を見るだけでもびっくりした。

泊まったホテルのポーターさんもおそろしくかっこよくて、すごい勢いでスーツケース運ぶのを手伝ったものだ。この献身的アプローチはエーゲ海文化圏では的外れだと思ってるけど、ソレはさて置きお得情報でしょ、言わずにいられないよ。そしてトルコのいいフォローになるかなという下心とともにお伝えしている次第です。

イスタンブールのハマムは約100個

さて、イスタンブールに話題は戻る。わたしはハマムを体験しに行ったのだ。日本の銭湯文化が大好きだけど、トルコでそれに当たるのがハマムでしょ。ローマ帝国時代の公衆浴場を継承したものと聞いたこともあるし、そんな脈々と庶民の間で発展継承してきた文化なら、ぜひとも体験したいなと。

宿は観光に便利な歴史地区スルタンアフメットの「スルタンホステル」にした。この通りはバックパッカーが集まるところで、安宿に、おしゃれなカフェやレストラン、かわいいお土産屋さんなどが並んでいて便利だし、なにかと楽しい。世界で有名なバックパッカー街といえば、タイのバンコク・カオサンロードだけど、まあ、プチカオサン的な感じだ。

チェックインをすませると、さっそくどこのハマムに行こうか検索してみた。わーいっぱい出てくる！　さすが、イスタンブールのハマムの数は約100個と聞いただけある。ちなみに17世紀半ばには、公私含め約1万5000のハマムがあったらしい……当時の人口は正確にはわからないけど、15人くらいに対してひとつはあったんじゃない？　笑える多さ！　それに比べたら激減してるけど、それにしたってネットで判断基準を持たずに見極めるのは難しいよね。

こういうときは、トルコ人に聞くのが正解だろう。土地のことを一番よく知ってるのは地元の人と相場が決まっている。

レセプションへ行くと、オーナーのおっちゃんに聞いてみた。ちなみに彼は結婚をしていて子供さんもいる。

「どこのハマムが好きですか？」

「う〜ん、もう何年も行ってないんだよね、あはは！」

あら意外！　すっかり、トルコ人なら誰でも愛浴していると思ってた。奥さんと一緒にハマムへ出かける様子だって想像してたよ。

まぁ、よく考えれば、日本の昔ながらの、いわゆる銭湯に行ったことない日本人だっていっぱいいるはずだ。もっと言えば、ほとんどの日本人男性が、実はふんどしをしていないのと同じようなものだ（飛躍）。

ともかく、その国の「the」がつくような伝統文化の詳細は、観光客の方が追い求めることが多いよね。

イスタンブールで一番古いハマム

うーんと、じゃぁ、「古い」で行ってみよう。そのポイントで調べると、1475年創業の「ゲディクパシャ・ハマム」が、イスタンブールで一番古い公衆ハマムとわかった。いや〜、すごい。日本の戦国時代からあるハマムが、今も普通に営業しているなんて、さっすが歴史都市だけある。しかも、観光客が一度は必ず訪れるグランドバザールの近くらしいし、ついでにいろいろ行けていいじゃない、そこにしよ。

行き方は簡単だった。世界に名高いブルーモスクとアヤソフィアに挟まれた道を通過。すると緑のまぶしいメインストリートに出るので、しばらく直進。やがて右手にはグランドバザールが。それとは反対、左手に入ると商店街で、その先の角だ。

この商店街が地元感溢れまくっていてとてもいい、味がある。いかにも的こなれ感のある地元食堂の連続で、どの店をのぞいても、エキゾチック全開な料理しかない。あぁ〜おいしそう。その上安いなんてたまらない。ケバブ一皿12トルコリラ（約400円）くらいからだなんて、急にメイン地区の半額になってるじゃない。それまでも、物価が高い国とは思っていなかったけど、これが地元の相場なのね。

それから、水タバコ喫茶のジモティぶりよ。商店街に来るまでも水タバコ屋さんは色々見たし、実際入って楽しんだけど、うまい具合にトルコデザインを取り入れた西洋感覚、シティな旅人を気取れる感じだった。いろんな国の男女がたくさんくつろいでいて、気安さも抜群だし。「水タバコ喫茶」なんて認識はなかったよ。いえいえ「シーシャBAR」ですとも。

ところが、この商店街のはどうだ。見たところ、おっさんの渦。おっさんの巣窟。いや、若い人もいるのかもだけど、前述のごとく、全員アダルトに見えるお顔立ちなので、おっさんの嵐。あぁぁおっさん、井戸端会議楽しそう。

店内の作りはおおざっぱで、おしゃれな気遣いは見受けられない。でも、大量に並ぶシーシャのフォルムがかっこよくて、薄暗いランプや水タバコに使う炭の灯りがムダにムーディだから、ある意味のおしゃれではあって。「煙とランプとひげと僕」的なトルコポップでも生まれるかもね的絵になるシーンの連続だ。

うん、これがリアルな生活の息づくイスタンブールなのね。

入浴＋垢すり＋マッサージのセットで約2700円

ほどなく目指していたハマム「ゲディクパシャ・ハマム」に到着。

エントランスは、ちょこっと階段を下りた半地下になっていた。途中で見つけた別のハマムは、男女の入り口が分かれていたし、他でもそういうことが多いようだけど、ここのは一緒。

入店すると、そこは広くて吹き抜けの天井になっていて、真ん中に大理石の噴水と、ウッディなテーブル&イスのセットがある。中庭が建物の中にあるみたい。奥へ目線を移すと、ガラス窓のついた小部屋がたくさん、ぐるっと2階分並んでいる。

隅には番台があって、迎えてくれたのは、彫りが深くてパーツの大きい濃密なお顔立ち、これぞトルコ人的顔の男性だった。だいぶ渋くて40歳とかに見えるけど、きっともっと若いんだろうなぁ……という大きなお世話な感想を持ちつつ、お金を支払う。

入浴+垢すり+マッサージのセットで70トルコリラ(約2700円)だ。垢すりとマッサージは合わせて20分だけど、他の施設全体の利用時間に制限はない。せっかくだから、張り切ってのぼせまくろうっと。

それにしても高くない? ハマムは庶民対応の文化でもあるはずだけど、だいぶ高い。道端で食べた、めちゃくちゃおいしい、作り立てのドネルケバブは3・5トルコリラ(約135円)だったから……あらまぁ20倍じゃない!

日本の銭湯の位置づけと思っていたけど、料金は日本円換算で比べても5、6倍。東京の金銭感覚で言ったら、3500円分くらいかな。これじゃあ銭湯みたいな気分では通えないよ。よっぽど絶大な効果とそれにあやかるべき悩みがないことにはねぇ。

「地元の人も同じ料金?」

「もちろん、もっと安いさ!」

青い光で看板を照らしているから、一瞬いかがわしいお店かと思った。

番台の彼は「ドヤッ！」とばかりに胸を張って笑った。

こういう自信満々な態度はとってもいいよね。そりゃそうだ、よそ者なんだからいっぱい負担して還元しないとね！　と気持ちよくお金を出せる。とはいえ、地元人料金が半額だとしても、だいぶ高い気はしてるのだけど。

「地元のお客さんはどのくらいマメに通ってくるの？」

「トルコ人なら週に一度は常識だね」

再び「ドヤッ！」全開で

教えてくれる。

彫りの深い人のドヤ顔って、だ～いぶ迫力がある。ドヤ気分200％なんだろうなぁ、よく伝わってきたよ（笑）。

まぁ、ドヤ度はさておき。宿のおっちゃんは、

「大抵みんな行かないんじゃない？」

て言ってたから、トルコ人の常識ではなくって、「熱心な現地のハマムファン」の常識は週1ってことね。そういえばわたしも、銭湯に通ってた頃は週1だったたし（但し、400円ほど）、カポエイラのレッスンもそうだった。他の多くの習い事もそうでしょ。1週間に1回というのがわかりやすいからだろうけど、もしかしたら、そもそも7日周期が人間のバイオリズムにしっくりくるから、1週間を7日にしたのかな。

黒ビキニのおばちゃん

「あっちが女性の入り口だよ、ここは男性の更衣室だから」

ん、ここが？　もしやあの小部屋？

振り返って周りをぐるっと見渡すと、あっちのガラスの扉の向こうに灯りがついている。あれ、おっちゃんが中で着替えてるよ。

……丸見えやん。いや、ぜんっぜん見たくないってば。

パッと見、中庭つきの寮みたい。左側にあるのが番台。

しかも、たちの悪いことに、ガラス窓からのぞき見ちゃった感がある分、ちょっとした罪悪感までついてくる。なんだこのシステム（笑）。

とっても不思議な見せ物感のある男性スペースの奥に、女性エリアへの扉があった。その入り口辺りには、浅黒い肌に、ブルーの瞳、長身美女のマネキンが。これがトルコ人が思うトルコ人らしい見た目なのかな？　いや、目はブルーじゃないよね、トルコ人の憧れかな。

ところで、ブルーの瞳の彼女は大判のチェックの布を上下一枚ずつ使って体に巻きつけている。ふーん、昔ながらの入浴スタイルってことかもね。でもまぁ、水着着用オーケーのハマムも多いし、ここもそうだと聞いていたから、ビキニがバッグに潜んでいるのだけど。

さて、女性エリアの扉を開けると、男性エリアと同じく、天井の高い中庭みたいなスペースの周りに、見世物小屋がぐるっと並んでいた。

うーんナゾ。なぜに見せ見せ？

それにしても空いてるなぁ。お客は他にいない。時計を見ると夜の9時30分。閉店は11時30分で、まだ2時間もあるけどこの感じ。本当に週1通ってくるのかな。

するとすぐ、黒ビキニのかっぷくのいいおばちゃんが寄ってきた。ゆっさゆっさとゆれるは、ビキニの布からはみ出す巨大なおっぱい。なにおばちゃん、反則だよ！わたしも黒ビキニ持ってきちゃったよ。あ～痛恨のミス。おそろい風のビキニじゃ、貧乳が際立って仕方ないじゃん。もうわかったよ、どうせ貧乳だよ、今度本書くときは、世界の貧乳克服術にするよ。

という心の葛藤はつゆ知らず、豊満なおっぱいは、2階部分にある見世物小屋的更衣室の一室へと案内してくれた。

入ってみると、そこは2畳くらいのスペースで、長椅子がある。そして、ガラス窓。うーん複雑、やっぱり見え見えだ。どうせなら色っぽく脱いでやろうか。まぁ、不毛なのでやめときました。

イスの上には、さっきマネキンさんが巻いていたチェックの布が置いてある。ほほ～、コレを使うのね。と思いつつも、爆乳とおそろいの黒ビキニがあるから、それでいいや。

イスの下には、ビニールのサンダル。これって浴場へ行くときにはく用かな。気が利くな。

ビキニ姿になると、室内に貴重品含めた全ての荷物をポンと置いて、部屋に鍵をかける。ふーん、部屋ごとロッカーか。効率悪っ。ていうか、ガラス張りで置いてあるもの見えるし……安心できかねる（笑）。

いざ、ハマムに入浴！

さて、ハマムの扉を開ける。

あぁぁ、なんとまぁエキゾチックなもやもや蒸気の世界。

空気が白くかすんでいて夢見心地ね。広さはバレーコートの半面ほどで、どうやら床は大理石。真ん中には、高さ50センチほどの、六角形の台座が。一辺一辺に人がごろっと横になれる大きさで、実際、ビキニの人々がただただ寝ころんでたり、垢すりされてたり。天井はドーム型でムードあるぅ。奥にはシャワーなしの水道場があり、その横には木の扉。あれれ湯船はどこにも見当たらない……なるほど、公衆浴場っていうのは、公衆蒸し風呂、もしくは公衆岩盤浴みたいなものなのね。公衆岩盤浴と思ったとたん、贅沢度が増すな〜。

すぐに黒ビキニの別巨乳おばちゃんがやってきて、水道場へ誘導。椅子を指差し、わたしを座らせる。するとすぐさまザッバーザッバー！　ぬるめのお湯を洗面器にくんで肩からかける。荒っ！　よく言うと力強くて頼もしい。

それが終わると、洗い場脇の木の扉を指して、

「サウナで待っててね、迎えに来るから、そのうち」

ちなみにほぼトルコ語。身振り手振りと表情で、なんか通じ合えてるよ（笑）。

さっそくサウナへ入ると、2段の木のイスのある、日本でよく見るタイプのサウナだった。イスタンブールで一番古いハマムに同じのがあるとはねぇ。まぁ、新しく作り足したのだろうけど。

ただね。見た目でだまされる日本人じゃあありませんよ。肝心なのはサウナの温度！　ここのは、うぅ、ぬるぬるで。きっと70度くらい？

「こんなんサウナちゃう！」

ちゃぶ台ひっくり返すところだった。

即席Tバックで垢すり開始

20分ほどぬるぬるサウナでだらりと過ごしていると、ゆさゆさおばちゃんがわたしを呼びにきてくれた。

なんで、こうも全員ゆっさゆっさなんだろう。食べ物か？　オリーブか？　ヨーグルトか？　そういえば一人当たりのヨーグルト年間消費量はトルコが世界一だもんな（約35キロ、ブルガリアは2番で約29キロ。2010年調べ）。乳製品はバストサイズ

に響きそうだしね。

中でも、ハマムのスタッフさんは胸の大きさで給料が変わるとかかも？　巨乳ボーナスあり、巨乳昇級あり、みたいなね。正直言うと、ハマムにいる時間の5割はおっぱいのことを考えていた。

しばらくするとサウナから水道場へ連れ出される。またも、ザッパンザッパン手荒にお湯をかけられ、大理石の台座に。一辺の縁にうつぶせで寝ころぶよう促され、ゴロン。頭の向きは全員時計回りね。そしてそれぞれ、乳が黒ビキニからはみ出てるおばちゃんに、黙ってなにかされている。うん、まな板の上の鯉とはこういうことだ。

いよいよ、わたしの垢すりが始まった。まずは背中……。

イタッ‼

いきなり、怪力ゴシゴシに襲われる！　垢っていうか、皮までなくなっちゃいそうだ。あー痛い痛い……きもちいぃ〜。不思議なことに、だんだんクセになってくるんだよね。エクスタシー！　いや、わたしにMの趣味はないはずなんだけど、まさかの開花？

それにしても、仕事がとっても丁寧だ。背中のはじのはじの隅っこまで、擦り忘れなくゴシゴシゴシ。だんだん気が抜けてきて、おっぱいに身を委ねようと心が落ち着いたところで、わたしのビキニのパンツの裾に指がかかる。ハッ！

瞬間、指はパンツをグイッと引っ張り上げ、お尻の割れ目に引っ掛けた！

……目が点。おすもうさんの「まわし」じゃん。いやいや、せめて「Tバック」と言って、自分。

そんなことヒトサマに、しかも手荒にスピーディにされるの初めてだよ、そんなときがくるなんて思いもよらなかったよ、なにこれ屈辱的で笑える！　いや、わたしにMの趣味はないはずなんだけど……。

ないはずなんだけど、何も言わずに、黙って即席Tバックを受け入れ、お尻の垢もガリガリ引っ掻いてもらう。

あぁ、遠い異国の裸の国で、とんだ恥ずかしめを受けているのでありますよ。エクスタシー。

怪力垢すりは粛々と進む。足も、足先も、とっても丁寧にゴシゴシゴシ。そして仰向けになると、前面も同じようにゴシゴシゴシ……始終、ダイナマイトなおっぱいが、わたしの顔につっかえてます、ゆっさゆっさと顔の上でゆれてます。豊満って、すばらしい。

胸を除いておなかと足が終わると、台座に座って腕と耳。そう、耳！　わたしは耳かきが大好きだし、だいぶ敏感な部分だ……一瞬ドキッとしたけど、気持ちよさを感じるスキなど皆無。洗車マシーンのぐるぐるに生身で入ったような、ハリケーンに耳元を襲われたような、激しい体験だった。呆然。

はい、これで垢すりは終了。

くすぐったいマッサージに耐える！

続いてマッサージが始まる。おばちゃんは、わたしに横になるよう促すと、向こうへ行って何か持ってきた。一辺が50センチはありそうな大きな袋だ。それをぶんぶんと振り回すと、中に空気が入り込んでぶわっと膨らむ。するとすかさずわたしの体の上でギュッギュッと絞る……おっと、急に泡発生、盛大な泡の山が、わたしの体の上にふわんとのって、包み込む。なんだおばちゃん！　巨乳のマジシャンだったのか、キャッチーでいいね！

ちなみに泡はとっても柔らかい。ふわんふわんと弾力があって、きめが細かく肌触り抜群。う〜ん、ずっとこうしてたいよ、ただただ包まれていたいだけなのよ、どうかもう、ほっといて……という夢見心地気分は一瞬だった。

すぐさま始まったのは、マッサージ。

くすぐった〜‼

滑らかな泡と合わさる圧力のかかった手の動きは、きもちいい……きっときもちいいと感じるのが正解なのだろうけど、わたしはどうにもくすぐったい！　やばいよ、笑えてくるよ、でも我慢、最後まで全部受けたいから、我慢だよー……無心。そして、うつぶせ↓Tバック↓仰向け↓両手と耳、と、隅々こなしてくれるのを、耐えて耐えて、耐え抜いた。

いたからね。

「終わり！」

巨乳が満足そうに笑ったけど、わたしは一瞬反応できなかったよ、意識を飛ばして

水道エリアに連れて行かれると、ザッバーザッバー。またも手荒な水掛け、今度は頭から！　うん、もはや水行、息するスキもないわ。好きだわーこの強引さ（笑）。そして、今度はわしゃわしゃわしゃっと頭皮を引っ掻きながら豪快にシャンプー。はげそうだ。そして1分ほどのスピーディな洗髪を無事に切り抜ける。

「あとは好きなようにどうぞ～。隣にプールもあるからね」

巨乳は笑顔を2秒ばかり浮かべると、さっさと奥へ去って行った。呆然……。

う～ん、濃密な20分だったこと。走馬灯のようにいろいろなシーンがぐるぐる頭を回ってる……正気を取り戻すべく、泳ぎましょ。

扉を開けると、6畳ほどのプールがある。なにも考えずポチャンと入ると、ひっ、冷た。まあ、刺激的ナゾ的な時間で熱くなっている脳みそをクールダウンさせるにはちょうどいいよ。起こったことを頭で整理。

なぜか他の人は誰も泳ぎにこないから広々ゆった～り、いい気分。だんだん純粋に泳ぐのが楽しくなってくる。泳いで泳いだら、サウナへ行ってちょっと休憩。プールへ戻って泳いで、サウナへ行って。4往復もすると、すっかりヘロヘロ。疲れがだいぶプラスされたのでハマムから撤退することにした。

はっ、タオル持ってこなかった。けど、出口にたくさん積まれてたから大丈夫よ〜。さ、謎のすけすけ更衣室で着替えて帰りましょ。

するとおばちゃんが、トントンと更衣室の扉をたたき、おいでおいでと言っている。ビキニを脱ぐタイミングだったので、タオルを巻いて部屋の外へ出ると、写真を撮ってくれるって。お言葉に甘えてiPhoneを手渡すと、おばちゃんはリクライニングチェアに寝ころべと指示。ごろっと寝ころぶと、今度は片肘をつけ、と。

「こっち見て、だめだめ、その目じゃダメ」

色っぽくね、と言いたいらしい。ちょっとその気になって、流し目気味でiPhoneを見つめると、

「いいわね、ちょっと舌出して」

と合図。おばちゃん、好きやね……。と、そこで胸元のタオルがはらり。慌ててなおそうとすると、

「そのまま！」

すかさずはだけたシーンを連写。何が狙いなんだ……。

なんだか全てにおいて、「怒濤《どとう》」なひとときだったな……。

帰り道、また地元人エリアを通ると、夜が深まった分、エキゾチックムードはさらに濃厚に。でも、脳みそに蘇るシーンのほとんどは、黒ビキニからはみ出るおっぱいと、Tバックと、痛みとこしょぐりに耐え抜く自分と、おっぱいぽろりの撮影シーン

（笑）。

けどね、お肌はすべすべになってたよ。あれだけ擦ったらそりゃそうかぁ。一枚皮を脱いだ感覚。痛みに耐えた甲斐《かい》あったわ〜。

美肌になれるしね。ていうか、おもしろすぎるので、行くべしハマム！

ゲディクパシャ・ハマム（Gedikpaşa　Hamamı）

Hamam Cad. No: 61 Gedikpaşa

http://www.gedikpasahamami.com

Beauty World Trip 10

フィンランド

サウナ発祥の国で、ビールとチョコの裸の宴

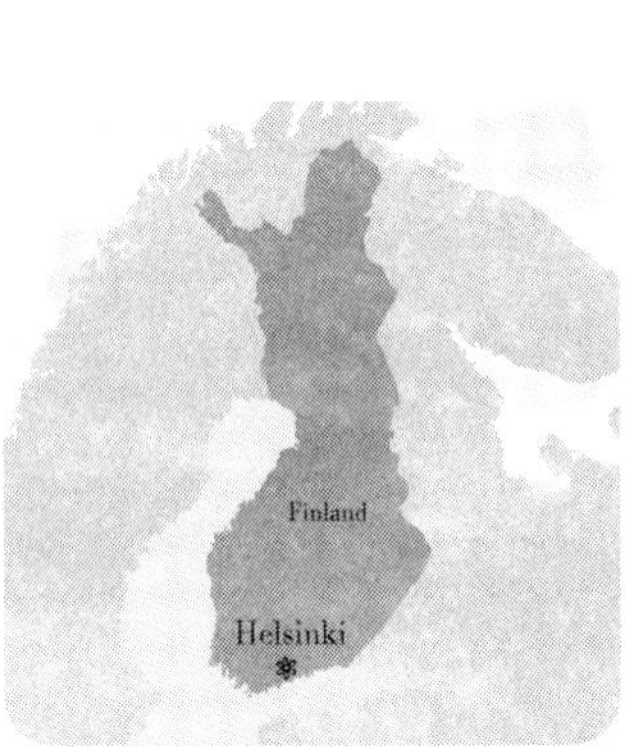

白夜のフィンランドへ

季節は初夏、6月下旬で北欧の地は白夜のとき。夜の10時にスウェーデンを離陸して、フィンランドに向かって飛んでいる。

世界がピンク。

「夕焼けが続いているんだなぁ」

窓から見える空一面が、自分の下にもくもくしてる雲ぜんぶが、隙なくどこもピンク色。時に淡く、時に激しく、ずーっと焼けていて、終わる気配がない。そうか、これが白夜の夕焼けなのか。

夢みたいな色の空間を進み続けること2時間、ふわふわした気分のまま、フィンラ

ンドの首都ヘルシンキ近郊の空港に降り立った。

「着いた……」

小学生の頃、地球儀上のフィンランドの横に「森と湖の国」と書かれているのを見つけてから、ずっと憧れていた未知の国だ。

機内に預けた荷物を受け取ると、路線バスに乗り込む。小一時間走って、ヘルシンキ中央駅に到着した。じーん。

時計を見ると、深夜2時前。あっちの空の下の方は未《いま》だぼんやり明るい。

「いつから朝日になるんだろ」

初めて経験する、けじめのない一日の終わりに、柔らかさみたいなものを感じてるんだ。

さて、宿へ向かおう。方向を見定めるべく、辺りをぐるっと見回した。街灯は少なめで、上品な薄暗さ。人影はまばらだけどある。駅の建物は石造りで、エメラルドグリーンの屋根は大きく弧を描いた半月形。

あれ？　他人の街のような気がしない。こんなに人様の文化圏を醸し出した情景なのに。

ともあれ、レトロな建物と石畳の道が続く街並を歩きだす……最寄りの駅から自宅へ戻るような平然とした気分の自分に気づいて、さらにびっくり。じーんを回収してくれるような異国情緒を受け取るつもりだったけど。

するとと向こうから男性が歩いてきた。

「モイ（やあ）！　呑みに行かない？」

こちらも笑顔で「モイ！」、そして調子よく振り切る。しばらく行くとまた違う人が。

んっ？　昨夜遅くデンマークのコペンハーゲンを歩いていたときとはまるで違う。あそこでは、誰にも声をかけられなかったし、気にされてる感じすら皆無で、なんだか淋しくなっていたんだ（笑）。本日どうやら女です。

それにしてもフィンランドの人って、シャイで奥手なイメージがあったから意外だなぁ。

外見としては、デンマークの人よりやや背が低めで、顔の彫りは少し浅いみたい……あ、雰囲気が微妙〜にアジア人に歩み寄ったかも？

もしかすると、わたし自身が周りの人々に同族っぽさを感じて、自然と心ゆるませてるのかな。人間関係は鏡だから、相手もそうさせて、話しかけやすくなってるのかな。

考えれば考えるほど、フィンランドとの心の距離が近づく。

しばらく歩いて、予約していたユースホステル「ホステル・エロッタジャンプイスト」に到着。

「モイ！　待ってたよ〜」

とっても明るい笑顔で、気さくに迎え入れてくれた。

必要事項の説明は、丁寧ななかにもこちらの様子を見ながら調整してくれているのがわかる。うれしいなぁ。心遣いを感じて一気に心がほぐれてく。

部屋に入ってベッドに座った瞬間、気がついた。初めて来たこの街で、全てにホッとし通しだ！

妙に安心して、ぐっすり眠った。

スーツのイケメンがエスコート

翌朝はすごく元気。これでサウナに行ったら、完璧疲れが抜けそうだ。このときは日本を出て1ヵ月が経とうとしているときだったから、まぁ、疲れていても当然でしょ、汗を流して、きもちよくなりたーい。

そう、フィンランドに来た目的はこれ。世界各地でおもしろいサウナを経験したから、発祥国の今のサウナ事情をのぞいてみようと思ったんだ。

せっかくだから、地元の人の御用達サウナに行ってみたい。そんなときまず頼りになるのは宿のスタッフさん。レセプションへ行くと、お肌のつるんとした女性がいた。多分、25歳前後かな。

「今日は火曜日だから……じゃあ、『サウナ・ヘルマンニ』は？　トラムの駅が近いから行きやすいしね。50年前の木のサウナって聞いたわ」

「古いですね〜」

「もっと古いところもあるの！『アルア・サウナ』とか。でも今日は定休日だから。夏期休業のところもあるのよ」

「そっか、じゃあ最初のに行こうっと」

「あ、オープンするのは、確か午後3時ね」

「ありがとう。タオルも貸してくれるかな」

「うん、特別な持ち物はなくて平気、裸だし」

だよね！ドイツで素っ裸混浴サウナを経験したから、まぁ、イケルでしょう(笑)！むしろ次はどんな思考が降りて来るか楽しみだ。

化粧水をバッグにつっ込んで、夕方までのおさんぽに出かけた。

あちこちのカフェでコーヒー休憩(国民一人当たりのコーヒー消費量は世界トップレベル)をしつつ、カメラさんぽをしていると、あっという間に午後3時前。サウナへ向かうべく、トラムの駅へ行ってみる。

サウナの方へ行く路線番号は「6」と「8」と聞いたんだ。ところが、よく来るのは「6T」。T？それって正解？GPSのついた地図アプリを見ながらハテナ顔……。

「モイ！どこ行くの？」

振り返ると、金髪笑顔のスーツイケメンが。うわっ、まぶしい。後光が差して見えるレベルだ。地図読めなくてよかったー！

「Hauhon puisto って駅に行きたいんだけど、6Tばっかり来るから……」

彼も困惑してた（笑）。けど、自分が乗るトラムもやりすごして、iPhoneや路線図を見比べ調べてくれる。

「わかった！」

パッと笑顔が咲いた。

「6Tはちょっと短い路線だね、その駅までは行かないよ」

解決してよかったね〜、がにじみ出る、明るい表情がたまらない。

「一緒にサウナ行きましょう（混浴だし）」

と口から出そうだったけど、こらえられてよかった。

するとほどなく「6」のトラムが。彼は片足をドア付近に上げて、

「これだよ、乗って」

ささっとエスコートしてくれる。こちらはドキッ。あら、ご一緒するつもりでしたか、すごい展開だこと。

わたしがおしとやかに乗り込むと、後光の彼はホームにパッと降りて満足そうに手を振った。ひたすら爽やか。

「あ、そう……ありがとう！」

わりと本気で残念（笑）。

裏表のない親切の連続で、ますますフィンランドに親しみがわいているんだ。

大柄の熊みたいな男性が笑顔でお出迎え

さて、Hauhon puisto駅に到着。サウナの看板はすぐに見つかったし、実際駅のすぐ近くだったので、なんなく施設のある建物に到着。前の庭には、大きなもみの木がどーんと君臨していて、その下にベンチとテーブルが置かれている。きっとここは、サウナの休憩スペースだろう。

入り口を開けるとすぐに階段があって、半地下へと導かれた。8畳くらいの狭いスペースだ。その端はレセプション、というより、番台的なカウンターが。町のお風呂屋さんのような雰囲気がいい。

番台の中には、大柄の熊みたいな男性が。

「モイ！　今日の一番のりだよ」

にっこりして、すぐに声をかけてくれた。

フィンランドに親しみを覚える理由のひとつはこの発音だなと、彼の「モイ」を聞いてわかった。かわいすぎるでしょ「モイ」！　発言者が熊さんであろうとも、ちょっとキュンとしてしまうじゃないか。

「10ユーロ（約1220円）だよ、はい、タオル。小さい方はサウナでお尻の下に敷いてね」

フェイスタオルと、バスタオルを一枚ずつ渡される。なるほど、持ち込むタオルは、対羞恥心用に体を隠すためではなく、対衛生用に敷いて使うんだね。

「女性の更衣室はあっちだよ」

で、更衣室からサウナへの扉を開けると、男女がミックスされてるという段取りでしょ。ドイツで経験ずみだから覚悟はできているんだ。

すると後ろでガチャンと音がした。ギクッ。覚悟はできていたつもりだけど、裸になる前に顔を合わせたくはなかったな。振り向きたくないけど、男性か女性か知りたい……くるっ。

「モイ！」

笑顔はやさしい、お顔の作りは大変いかついおっちゃんだった。

ま、まずい。彼が二番のりということは……彼と2人っきり、素っ裸で、サウナを楽しむ、だとぉ!? 覚悟なんぞは一瞬にして崩壊する。

絶対ここ、ハプニングバーだ。

もしくはAVのスタジオだ！

「水着は着ちゃダメですよね（持ってきてないけど）」

「バスタオルも、巻いちゃダメだよ～」

「男女一緒ですよね？」

「…………」

熊の彼はゆっくり、にや〜。そして、あははと笑う。

「男女は別だよ、ごめんね」

脳みその中をのぞき見られた気分……恥ずかしー！　意外にも、本場フィンランドこそが男女別浴だったとは。

「なにか飲む？」

メニューには、ビールやワインも書かれていた。いいな〜、確かに、汗を流した後はビールだよね。まぁでも、わたしは弱いので。

「お水ください」

「ミネラルウォーター？　それともタップウォーターにする？　それなら無料だよ」

北欧に来て、ミネラルウォーターの高さにもびっくりしていたけど（スーパーは安め、1・5リットルで2ユーロ程度）、買う必要なんてぜんぜんない。水道水がめちゃくちゃおいしいのだ。さすが森と湖の国だけある。

熊さんは、たっぷりの水道水をピッチャーに注ぎ、コップと一緒に手渡してくれた。

フィンランドのサウナは温度があまい？

時計の右隣に飾られているのが「ヴィヒタ」。

更衣室に進む。そこは10畳くらいのスペースで、真ん中に大きなテーブルとイス、周りには鍵つきのロッカー。

壁には乾いた葉つきの枝の束が飾られている。きっと白樺を乾燥させたものかな。フィンランドのサウナでは、白樺の枝で体をたたき合うとよく聞くもの。

と言っても、初めて聞く人には意味不明すぎるフレーズだと思う（笑）。安心してください、伝統的な作法です。

それは、ある種のマッサージなのだ。火照った体を、葉のついたままの若い白樺の枝を束ねた「ヴィヒタ」でバシ

日本のサウナとよく似ているけど、バケツと柄杓は置いてないなぁ。やけに長いし。

バシと力強くたたくと、新陳代謝が上がり、筋肉がほぐれるのだとか。また、白樺の天然オイルが肌に染み込んで美肌効果も得られるし、若葉のすがすがしい香りがサウナ内に満ちて、リラックス効果も上がるそう。

次の部屋への扉を開けると、そこにはシャワーブースが5つあって、棚に通常サイズの3倍以上は大きいアルミのバケツと、柄の長ーい柄杓が並んでいる。

掃除用にしては大きすぎるし、そんなにいくつもいらないだろうし。そもそも、掃除用具をドンと表に置いてるはずもないよね、何用かな。

続く扉を確認すると、そこがサウナだった。もちろん、さっきのいかついおっさんはいないよ。長さ3メートルほどの2段の木製のベンチがあって、奥には石が積まれた筒状の熱源。日本で見慣れているサウナの構造とだいたい似ている。

施設はこれで終わりだった。これまで使ったことのあるサウナは、お風呂やプールの脇についてるものだったけど、ここには本当にサウナしかない。潔いな。

サウナがいかにフィンランドの人々の生活に根付いていて必要不可欠なのかがよーく伝わってくる。日本人にとっての湯船と感覚が似ているかな。

さて、更衣室に戻ってさっさと裸になると、温かいシャワーを浴びてサウナに入った。

はぁ〜落ち着く。妙に落ち着く。もしかしたら、日本と海外での、全サウナ経験の中で、一番落ち着いてるかも。適度にこぢんまりしたサイズ感がとってもいいし、木の温もりもすごくいい。薄暗いのもぐっとくる。

ただ、温度はあまーい！　80度くらいかな。熱すぎずぬるすぎず、心地いいと言えばいいのだけど、サウナは100度はなくっちゃ。是非ともカーッと一気に汗をかきたい。こういうときはついつい、脳みそがお風呂大好き民族モードになって上から目線が発動してしまうんだよね。もっと温度を上げてくれ、こんなんじゃ、汗かけないよ。

地元女性5人組と「裸のつき合い」

ひとり何かに勝ち誇っていると、扉が開いた。

「モイ！」

女性が次々に入ってきた。30代くらいの5人組だ。

それぞれが好きなポジションにタオルを敷いて座ると、とたんにマシンガントークが始まった。内容はもちろんわからないけど、ときにワッとわいて、共感し合って、ちょっと怒って……すごい勢いで盛り上がってる。楽しそ～。

日本には「裸のつき合い」という言葉があるけど、彼女たちもきっと、いつもより親密な話をざっくばらんにしてるのだろうな。

しばらくすると、ひとりが話しかけてきた。

「日本人でしょ、ひとり？」

「うん、そう。みんなで一緒に来たの？」

「そうよ、仕事帰りに集合したの」

「あ、同僚なんだ～、お仕事早く上がれたんだね」

「みんなそれぞれ違う仕事よ。今日は集合の日だから、早く仕事終わらせたの」

「へ～、学生時代のお友だち？」

「ううん、SNSで知り合った読書サークルなのよ」

聞くと、毎月一冊を選んで各々読み、こうして集まって感想を交わしたり議論したりするそうな。もちろん雑談もね。呑みながらあーだこーだ言い合うらしい。なるほど、ムーミンの国の民はやることが文化的だ。

「サウナはよく来るの？」

「たまに、かな。こうやって約束して集まるときだけね。お家にもあるから、サウナは」

「え、お家にあるの？　いいな〜！」

「あら、どの家にもあるわよ。普通よ。だから普段は家のサウナで充分」

「じゃあ、健康目的というより、遊び感覚で来てるんだね」

「そうそう、健康は家のサウナで保てばいいの。ここはなにより気分転換よ、深い話もサウナでならゆーっくりできるから」

これは、わたしが日本でスーパー銭湯に行く感覚と一緒だ。友だちとゆっくりしたいときには行くけど、ひとりで美容と健康のために行くことはほぼない。ますます「湯船＝サウナ」なのかなと思えてくる。

「冬はめちゃくちゃ寒いですもんね、毎日サウナ入りたいですね」

「そうそう、冬はマイナス10度よ、寒いのー！」

とってもつらそうな顔でぶるっとして見せてくれる。今ここ、熱いのにね（笑）。

「わーそれは寒い！　寒いのいや？」

「好きよ、寒いの」

今度は遠い目でうっとり。さっきつらい顔してたのに、好きなんかい（笑）。イヤヨイヤヨも好きのうち、だね。

するとひとりがシャワー室へと出て行き、体をぬらして戻ってきた。

「クールダウーン！」

なんかテンション上がってる（笑）。サウナの途中で体を冷やすのは日本での作法と同じだな。新陳代謝が上がるんだよね。わたしも、シャワーを浴びてまたサウナへ戻る。みんなも次々に浴びては戻る。

「実はね、フィンランドのサウナって男女一緒に入るのかと思ってたんだ」

「あはは！　そういうこともあるかもね、お家のサウナなら。公衆サウナは別よ〜」

「そっか！　さっき入り口で男性と会ったときはドキッとしたよー」

「日本のサウナは？」

「別だよ。日本だと、サウナはいつも男女別浴のお風呂についてるし。あ、でも、お風呂ならたまにあるなぁ、混浴も」

「あぁ、そんな感じじゃない？」

後で調べると、フィンランドでは１９３１年に公衆サウナでの混浴は禁止されたそう。でも、混浴サウナもないことはない。日本でも公衆銭湯での混浴は禁止されているけど、混浴風呂は存在する。主流ではないけど、あるところにはある、という意味で似た感覚なのだろう。

混浴の話をして思い出したのは、ドイツのサウナにいた人々の下半身（笑）。老若男女がオールツルツルで、たいそうびっくりしたんだった。

はい、ちょっと失礼しまーす！　5人に気づかれないように、ちょこちょこっとのぞき見した。

フィンランドの森がありました（×ノルウェイの森）。

さて、あわてて脳みそを上品な領域に引き戻す。

「ヴィヒタはやらないの？」

「やったことないわ」

そういうことか（笑）。現代は田舎のサウナで、家の前に白樺の木があればやる、という具合なのかもしれない。

サウナ民族からロウリュの洗礼

しばらくすると、ひとりがシャワー室にあった大きなバケツに水をくんで戻ってきた。柄の長ーい柄杓も持っている。……みんなの話がピタッと止まった。全員彼女に注目。

「ロウリュよ」

と、わたしに向かって教えてくれる。あぁ、ドイツでもやったアレか。

彼女は柄杓で水をすくうと、熱い石が積み重なった熱の源へ、ジャッ、ジャッ、ジャーとかけた。

もわ〜〜〜！

堪え難いほどの熱気がサウナ中を埋めつくす……い、痛い、肌に痛みを感じる熱さ！　頭の中はなかなかパニックであたふたしてるけど、5人はじっと固まって耐えてるよ、むしろ熱さを味わってる感じがするよ。

いやーさすがサウナ民族はすごい！　お風呂民族代表は軟弱だった、上から目線なんてとんだ思い上がり、ごめんなさい！

1分もすると、ひとりが立ち上がり、扉を開ける。すると他の4人の顔がパッと華やいで、我も我もと立ち上がった。やったー、わたしも逃げる！

そんな訳で、全員そろってシャワー室へ避難。水を浴びた瞬間の、スーッとするあの感じ、たまらないよねぇ。

「きもちいい〜！」

とでも言ってるのかな？　シャワーを浴びた人から次々に、さっきのマシンガンのテンションが戻る。なんて息の合った仲間なんだ（笑）。

さ〜、もう1回サウナへ。と思ったら、みんなはバスタオルを巻いて休憩室へ。

「あなたも行く？」

ひとりが声をかけてくれたので、わたしも同じ格好になってそちらへ行く。

もう終わり？　いやいや、これからが本番だった。

彼女らは、ロッカーを開けて、バッグをゴソゴソ。テーブルの上に出てきたのは、ビールとポテトチップスと、チョコレートどっさり。あ〜なるほど、これが本当の会合の目的だったのね。

裸で乾杯！

ひとりがわたしにも缶ビールを手渡してくれ、

「キッピス（乾杯）！」

おぉ〜、まさに、裸の宴。会話はさらにヒートアップ！

「サウナとビール、最高だね！」

「でしょ！　さっき汗流したし、カロリーも使ったし、チョコも安心して食べちゃうわよ」

「あはは、気になったらまたサウナ行けばいいんだもんね」

「そうそう、何度もサウナとビールを繰り返すのよ」

「へ〜、いいね！　何時くらいまでこうしてるの？」

「今日は全員、子供をだんなに頼んでるから、閉館までいるわ。ここは8時までなのよ」

「あ、みんなお子さんいるんだ。いいだんなさん」

「ん？　いいもなにも、当然よ！　男も女も同じよ」

と言って、ビールをゴクリ。周りも、そうだそうだと言ってゴクリ。

パートナーとの関係について少し聞かせていただくと、5人中2人は結婚していた。3人は特に必要性を感じないから未婚で、きっとこの先もしないと。ヨーロッパでよく聞くケースだ。

「じゃあ、なんで2人は結婚したの？」

ひとりは「お金のためよ。ちょっと事情があってね」と言って、笑い飛ばした。もうひとりは、

「完全にロマンスよ」。当時を思い出しているのか、遠くを見つめ乙女の顔に。

なるほど。これでいいんだ。

「お金」だろうが「ロマンス」だろうが、する理由があるから結婚する、理由がないから結婚しない。この先気持ちが変わることもあるだろう。未来のことはおいておき、そのとき思う心地いい形を素直に選ぶ彼女たちがまぶしく見えた。

もちろん、ヨーロッパには結婚しなくても家族として暮らしやすいシステムがあるからで、同じような家族形態を日本の社会に当てはめて考えるのはナンセンス。でも、幸せに対しての、素直で軽やかな向き合い方が気持ちいいじゃない。

さてと、裸の宴はまだまだ続く。わたしは、あの蒸気攻めでだいぶやられて脳みそがボーッとしてるから、もういいや。

備えつけのドライヤーで髪を乾かして着替えると、5人と盛大に手を振って別れた。

「キートス（ありがとう）」

これまであちこちの国でサウナを経験したけど、ヘルシンキの公衆サウナでは、一番素直に汗を流して、一番自然に地元の人と交流ができて楽しめた。一番お気楽だったな。さすが、発祥の地のサウナは人々の生活に寄り添い、とけ込んでいるな。

ほくほくして番台へ戻ると、熊ちゃんにタオルを返し、手を振り合う。心軽やかに、トラムの駅へと歩いた。

うん、体も軽い。やっぱり汗を流して老廃物を排出するのが基本なのかな。まぁ、彼女らはビールやチョコでまたためるかもしれないけどね（笑）。

サウナ・ヘルマンニ（sauna hermanni）
Hämeentie 63, Helsinki
http://saunahermanni.fi

アルア・サウナ（Arla Sauna）
Kaarlenkatu 15, Helsinki
http://arlansauna.net

とまこ

文字と写真と絵で、旅を表現するアーティスト。明治大学在学中にバックパッカーデビュー。卒業後、秘境添乗員を経て、作家へ転身。著書に『離婚して、インド』(幻冬舎文庫)、『おむすびWORLD TRIP 世界をむすぶしあわせレシピ』『電車でぐるっとよくばり台湾』などがある。

http://tomako.tv

カバーデザイン　平塚兼右(PiDEZA Inc.)
本文デザイン　平塚恵美(PiDEZA Inc.)
カバーイラスト　鈴木みの理(PiDEZA Inc.)

Special Thanks

株式会社ワンダーラスト
日本ユースホステル協会
レイルヨーロッパジャパン
ターキッシュ エアラインズ
ドイツ観光局、フィンランド政府観光局
須田卓馬、瀬尾哲也、田中嗣章

世界の国で美しくなる!

2017年2月20日　第1刷発行

著　者　とまこ
発行者　見城徹
発行所　株式会社 幻冬舎
〒151-0051
東京都渋谷区千駄ヶ谷4-9-7
電話　03(5411)6211(編集)
　　　03(5411)6222(営業)
振替　00120-8-767643

印刷・製本所　中央精版印刷株式会社

Printed in Japan
ISBN978-4-344-03071-8　C0095
幻冬舎ホームページアドレス　http://www.gentosha.co.jp/
この本に関するご意見・ご感想をメールでお寄せいただく場合は、comment@gentosha.co.jpまで。